U0001885

THE BOOK OF
OVERTHINKING
How to Stop the Cycle of Worry

GWENDOLINE SMITH

想太多是會爆炸的

臨床心理師帶你打破過度思考和焦慮的循環

關朵琳‧史密斯————著／黃意雯————譯

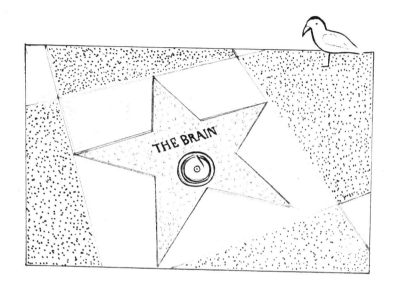

謹獻給大腦——
因為沒有我的，就無法幫助你的

目　次

如果你剛拿起這本書，我能想像「想太多」的確為你造成了困擾。

　　若是這樣，那麼你可找對書了！

自　序

這本書本質上是我前作《知道之書》（The Book Knowing）的續作。這兩本書都是以目前在治療情緒與焦慮症狀上最先進的「認知行為治療」（CBT）理論為基礎所寫成。

這套療法最重要的關鍵，是在教導人**如何**思考，並在過程中提供工具與策略，教人更有效地管理個人情緒。《知道之書》是針對身處在難以承受的情緒之苦當中的青少年所寫，這些情緒與當前日益增加的青少年心理健康問題有直接關聯。《知道之書》雖是特別針對年輕人而寫，但不論是當時或將來，其內容也適用於各個年紀的讀者。

我在診所臨床看到不少年輕人的生活困擾因為

《知道之書》而有改善；在看診生涯中，我也發現絕大多數的成人患者也都飽受憂慮、也就是俗稱的「想太多」所苦。

因此，本書雖是針對成年人而寫，但就像《知道之書》，這當中的知識與實用技巧同樣是各個年齡層皆適用。

在我的慫恿下，可愛的插畫家嘉比、喬吉雅及設計師梅根再度與我攜手合作。因為我相信成人跟孩子都一樣喜歡插畫。來，就讓我們一起邊笑邊學吧！

何謂過度思考？

第一章

過度思考的定義

過度思考：動詞。

對某件事情想得太多：

以弊大於利的方式，

耗費過多時間去過量思考、

分析某事。

——《韋氏線上字典》

在「過度思考」的諸多定義中，我最喜歡這一個，因為它的解釋簡單明瞭，同時也點出想太多其實暗藏了危險的一面。

每個人偶爾都會想太多。不過，有些人就是關不掉不自己內心那些持續猛烈襲來的壞念頭。也許你就是這樣的人。這樣的內心獨白有兩個明顯的特徵：

1. 反芻思考：不斷重現當時情景。

- 上禮拜開會，我實在不應該說出那些評論的。
- 我實在不應該離職。要是我還待在前公司，應該會比現在愉快。
- 昨天我在派對上實在不該吃那塊蛋糕，現在一輩子都會胖下去了。

這些思考模式常會伴有悔恨及罪惡感。

2. 憂慮：習慣對未來做出災難性的負面預測。

- 我把報告交給老闆，她一定會覺得這報告爛透了，接著會要我離職，然後我就繳不出房貸，最後失去房子，還養不起家人。
- 諸如此類，接二連三。

擔心著將來可能會出現災難，會產生恐懼感與焦慮感。

　　受到上述一或兩種過度思考的糾纏，會讓你持續處在痛苦的狀態中。

　　輕鬆來看，人類之所以為人，正是因為我們有思考能力。專注於我們正在做的事、思考沉浸當中，這是很自然的。不過，如果過度思考導致你一路掉進毀滅性的負面念頭漩渦，而且持續惡化，那麼，麻煩可就大了。

　　這個程序一旦啟動，你就會開始憑空創造出不存在的問題。接著，你會開始深信、覺得那些問題確實存在。受到這些想法的影響，你會開始擔憂、焦慮，思緒因而癱瘓，同時也影響到自己解決問題的能力。

　　我喜歡的另一個定義，是網路上《都會字典》(Urban Dictionary)的解釋：

真的，雖不中亦不遠矣！

好，不說笑了。我相信，只要你越能了解自己正經歷的是什麼，就越能掌控那些不必要的思緒與過程。

我該擔心自己想太多嗎？

大家常問我，是不是所有的過度思考都有害？我認為不是。有時候，我們會過度專注想著某件事，因而受到影響。這種情況就像是被催眠，我們在一種近乎恍惚的狀態下失去時間感，我想可用做白日夢或是恍神來比喻。

這裡有幾個例子：

你正在熱戀當中，你發現自己對愛人朝思暮想，可能就連夜裡也會夢到對方。（我想這就是所謂的「日有所思，夜有所夢」。）

這樣算有問題嗎？不！大多數人都喜歡這種感受，而且樂在其中，不會因此引起焦慮。

你的婚禮即將來臨，你希望自己的髮型和禮服無不完美無瑕，因此鎮日想著禮服的樣式與顏色。

這樣算有問題嗎？沒那麼糟！很多人可是婚結個不停，而且每次都還能劫後餘生呢！

你正在為游泳比賽努力練習，不斷想著自己的動作與換氣。

有問題嗎？這聽起來更像是對勝利的渴望！運動員在職業生涯中一直都處於這種心理狀態。除非這種想法是受到對失敗的恐懼（進而演變為憂慮）所驅動，否則運動心理學家是不會介入的。

你發現自己不斷想著高爾夫球的揮桿姿勢，或是邀朋友到家中聚餐時想試作的新菜色。不斷地想著，

不停地計畫；不斷地想，不停地計畫。

　　這是因為你腦子有問題，還是出於興奮？我認為是後者。

　　這答案的判斷標準在於你是怎麼想的。如果你是這樣想：

我的天啊！我替伴娘選錯顏色了！那件禮服我穿起來一定超胖！我應該買那件Ａ字型的復古婚紗，而不是這件雪紡垂墜婚紗。大家一定會想：「他為什麼要娶這個穿衣服沒品味的胖女人？」

這樣的想法會為你帶來恐懼，還會產生有害的過度刺激。

　　不過，如果你是這樣想：

我對我的婚禮當天充滿期待！伴娘看起來一定令人怦然心動，即將成為我丈夫的那個人當然也是。我喜歡我的婚紗，我的邀請函，婚禮場地十分完美……

就算你對同樣的事情朝思暮想，如此的思考模式也

會是一種令人愉悅的刺激。想太多嗎？是。但有問題嗎？我認為沒有。

在關於過度思考的諸多症狀中，會引起臨床醫師注意的，是你的睡眠是否因此而受影響。你徹夜想著伴娘的禮服算有問題嗎？

倒也不盡然。隔天晚上你可能會因為疲倦不堪而輕鬆地沉沉睡去，因此這件事沒對你造成睡眠障礙。相反的，因為恐懼而造成的過度思考，則會引發大腦釋放毫無助益的化學物質進入人體系統，進而導致睡眠障礙。

我所謂的**正面型過度思考**，會激發大腦釋放多巴胺、催產素、血清素和腦內啡，這些都是與快樂感相關的化學物質。這代表我們渴望這些化學物質，我們甚至會重複進行確保自己能獲得這些物質的行為。人類透過運動、看喜劇、聽音樂或是從事有創意的活動等等，以尋求腦內啡的刺激。

然而，當追求快樂的行為牽涉到逃避生活問題的手段，像是賭博、沉迷於3C產品、玩遊戲機或是酗酒，那可就不是有益無害的活動了。（我幾年前參加過一場討論強迫型賭博的研討會。主講者提到，小賭怡情的玩家與賭性堅強的強迫型賭徒，這兩者的差別在於，嗜賭成性者是想藉賭博解決問題，這跟那些只想找點樂子、尋求些許刺激感，或是出去玩一晚的消遣型玩家是大不相同的。）

你從上述例子能看到，不是所有的過度思考都

是正面的。現在，我們就來看看**負面型過度思考**。研究顯示，鑽牛角尖、專注在負面事件（進而產生懊悔、自責的情緒），有可能是造成像是焦慮、憂鬱等當今最普遍的心理健康問題的頭號元兇。這些多達百萬則的研究報告讓我們看到了負面型過度思考對健康造成的危害。

所以，「我應該擔心自己想太多嗎？」這個問題，有個簡單的答案：

應該。如果那樣的想法

阻礙了你正常運作的能力。

—— 精神科醫師、認知行為治療師

勞勃・席佛博士（Dr. Robert Shieff）

第二章

過度思考的危害

我們在門診中常會遇到各種型態互異、但大致上都可歸類為「過度思考」的狀況。想太多可是個非常熱門的主題，Google一次就能給你兩千四百七十萬條搜尋結果！（偷偷告訴你，對負面型過度思考的人來說，利用Google搜尋也是相當常見的打發時間方式。）

　　在撰寫本章的過程中，我發現自己花了許多時間利用Google查詢資料，在思考「過度思考」的定義上想得太多。這樣是正面還是負面？這算是憂慮，還是反覆深思？擔憂跟過度思考是同一件事嗎？還是這兩者根本截然不同？又或者還是有那麼一點兒相似？我想太多了嗎？是的。既然你讀過前面的文章，你知道，這些全都是無法分割的連結。

　　就像許多其他的醫學術語，「過度思考」一詞已經完全融入日常，成為我們的生活用語。所以，當你問人、包括我的同事與患者，「過度思考跟

憂慮一樣嗎？」大多數人會認為這兩者「同中有異」，有時則是兩者的綜合體。例如：

我是有想太多的情況，但那也還好。接著我開始擔憂，然後開始變得焦慮，結果我開始擔心自己焦慮的情況，接著又開始對每件事都想得太多，然後又花了很多時間回想我做過的事，接著又對我自己即將要做的事焦慮不已。

我把這個複雜的心理現象稱為**憂慮型過度思考**，算是為你、也為我自己，把事情簡單化，同時也讓自己免於陷於窘境。相信你也同意這個名稱涵蓋了過度思考的大多數基本面向。

臨床醫師通常會將重點放在「過度思考是一種重複思考」的這個觀點，將之定義為「將集中性注意力投注於人的憂慮症狀、起因與結果，而非找出解決之道」。

他們也認為，過度思考與焦慮其實就是邪惡同盟的夥伴關係。

健康焦慮症的範例

健康焦慮症（又稱「疑病症—hypochondria」）就是一個經典的例子。健康焦慮症是以「憂慮型過度思考」為主要的思考模式，在這個條件下，任何與身體健康沾得上邊的，都會引起它的注意。

情況有點像這樣……

你早上一切準備就緒，正要清潔牙齒。你先用牙線，你一向都這麼做，這時你發現口中有點出血，你用舌頭在嘴裡展開偵測任務，發現了一個小腫塊。你開始擔憂起來——焦慮感立刻浮現。距離出門還有一點時間，你立刻衝向Google醫師，想求個心安。

輸入：**牙齦疾病**。天啊！一億零三百萬個搜尋結果！

太多了！縮小搜尋範圍。快！縮小搜尋範圍！

輸入：**牙齦癌**。嗯，只有三百七十五萬個搜尋結果。嗯，尚可接受。好，向下看看症兆與症狀。

口腔癌的警示症兆與症狀：咀嚼或吞嚥困難，口腔、喉嚨或嘴唇有腫塊或潰瘍，口中出現白色或紅色斑點，無法順利轉動舌頭或下巴。

　　這不就是白紙黑字寫著「最糟的可能結果」嘛！再檢查看看嘴巴，對，就是你這半小時裡一直在做的事。你的牙齦、就是你剛才一直用舌頭去攪的那個地方確實有一處潰瘍。該去看個醫生，確認你最大的恐懼了。

　　當人感覺到焦慮，主要目標接著就是要轉移焦點，好讓自己求得些許安心。當然，牙齦上的腫塊（或是察覺到的腫塊）的確是個問題，但主要重點還是在轉移焦慮感。對自己的健康產生疑慮的人會在醫學檢驗與各種檢測上花大錢，好求個心安。

　　檢查過後，醫生告訴你沒什麼大礙，只有你剛

才緊張兮兮用舌頭偵察過的地方有輕微紅腫，擦點舒緩凝膠就能解決。

呼～真是鬆了一口氣！焦慮退散——雖然只有一會兒，但聊勝於無。沒多久，「憂慮癌」又回來堅守崗位啦，於是你又開始發作——更多擔憂，更多焦慮。

作者的叮嚀：求心安請務必謹慎！

這裡想傳遞的訊息是：

你要學會減輕自己的焦慮。

仰賴別人求得的心安只是暫時的。

所有這些關於過度思考的學術說明其實並不是那麼重要；主要重點在於，重新建構你當下的思緒，讓它變得更有幫助，而且更接近事實。 如此一來，你會更安適自在。

當你自在時，
未必人人都會喜歡你，
但你才完全不在意！！

身體對過度思考有何反應

相較於正面型過度思考，負面型或憂慮型過度思考會讓身體產生不同的化學反應。這種型態的過度思考會激發與恐懼相關的化學物質（荷爾蒙），例如腎上腺素與皮質醇，也就是壓力荷爾蒙。

這些因為身體自然的戰鬥／逃離／僵直反應（生存反應）而釋放出來的強烈荷爾蒙，會造成你心跳加速、血壓升高以及其他生理反應，就像次頁的圖示。

只要一個恐懼（憂慮）的念頭，就能引發上述的生理反應。

為因應恐懼感而釋放出腎上腺素，這是人體演化出來、有助我們求生的反應。人類的祖先若是因為灌木叢裡的聲響而受驚嚇，他們的反應若不是攻擊（戰鬥），就是拔腿快跑（逃離），或是嚇到動彈不得（僵直）。腎上腺素一旦上升，人體就會將更多血液傳送到肢體末端（例如腳），同時減少送往胃部的血液（抑制食慾，並在你的腸胃引發緊張的反應）。這表示你會跑得更快，身體也變得更強壯，以便抵擋察覺到的威脅。

生存反應

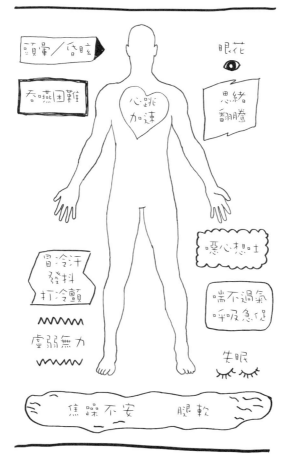

頭暈／昏眩

眼花

吞嚥困難

思緒翻騰

心跳加速

噁心想吐

冒冷汗
發抖
打冷顫

喘不過氣
呼吸急促

虛弱無力

失眠

焦躁不安　　腿軟

戰鬥／逃跑／僵直

有些生理反應其實是身體的「求生反應」
——替你做好戰鬥／逃離／僵直的準備。

恐懼在遠古時代是一種適切的反應。我們的祖先沒有時間慢慢去確認灌木叢裡傳出的聲響究竟是無害的，還是暗藏著對自己生命的威脅（例如蛇、劍齒虎、或是其他從侏儸紀公園裡跑出來的肉食性生物）。也因此，恐懼感對於求生是絕對必要的存在！

　　產生恐懼感其實是我們對腎上腺素大量分泌的自然反應。身體出現相關反應之後，我們才會認為某件可怕的事就要發生了。然而，時至今日，腎上腺素已經被大家解讀成是發生災難時才會出現的指標，而非一種保護機制。

　　在我們所處的現代叢林裡，會刺激我們腎上腺素分泌的是我們的思考模式、思緒與想像。可能是因為想到自己沒住在最大的豪宅，沒有一個裝滿精品華服的衣櫃，或是沒有完美身材、頂級名車和最傑出的子女。就算我們都知道**信念不是事實**，但這些信念依然被錯誤解讀成是實際存在的威脅。

　　一旦我們因為這些情況而產生恐懼的情緒——儘管這樣的「恐懼」並非因為實際感受到危及性命的情境，而是自己憑空創造（想像）出來的——腎

36

上腺素所引發的人體自然反應，還是會讓我們預感真實的危險可能即將出現。

　　值得一提的是，當戰鬥／逃離／僵直的機制啟動時，你其實已經做好非戰即逃的準備了。例如：

想像你正在書房裡和朋友下棋。煙霧偵測器突然警鈴大響，濃煙從門縫鑽入，原來是廚房失火了──但你還是決定繼續下棋。

最好是！理性思考下一步棋該怎麼下才不是你那當下會有的本能反應！竭盡所能，不計任何代價，用盡腎上腺素產生的所有力量，奮力往安全的地方狂奔才是你真正會做的。

記住，這種反應並非壞事。

分泌腎上腺素是我們面對威脅時的本能反應。

它的存在其實是為了保護我們。

問題是，這個機制如果長時間處在運作狀態，而且警示系統（戰鬥／逃離）不停地開開關關，長久下來，這就會耗損你的身體健康。

舉例來說，你會開始出現下列的症狀：

- 腸胃問題
- 胃潰瘍
- 肌肉緊繃
- 頭痛
- 睡眠困擾
- 疲勞

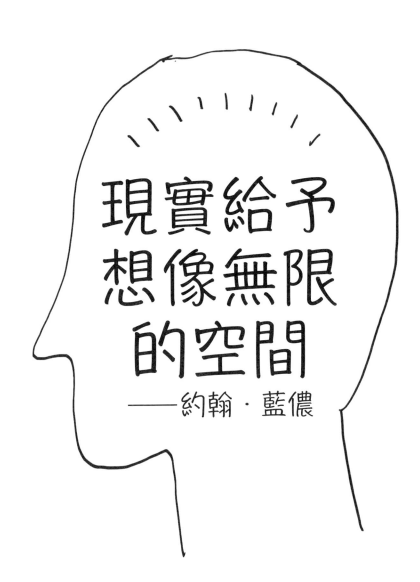

現實給予
想像無限
的空間
——約翰·藍儂

重要的是，我們必須理解，是憂慮型過度思考與你的想像力，共同聯手創造出了這種恐懼感與焦慮，進而導致腎上腺素的反應。

第三章

進一步認識憂慮型過度思考的運作機制

次頁的這張模式圖，是由「認知行為治療法之父」亞倫・貝克醫師（Dr. Aaron Beck）所創。它涵蓋了生理、行為、情緒與認知（思緒）領域，並從許多面向巧妙地說明、展示出憂慮型過度思考會產生的負面衝擊，同時也提供了治療範本，稍後在本書第二部分會提及。

生理

我從模式裡的這個領域開始談起，是因為生物學對於焦慮（憂慮型過度思考的副產品）的貢獻，可不是件大家都知道的事。

遺傳與家族史（例如雙親的焦慮情況）有可能會增加某些人受焦慮失調所苦的風險。有理論估計，焦慮受到遺傳影響的比例大約介於百分之二十五到四十之間（視焦慮類型與研究對象的年齡

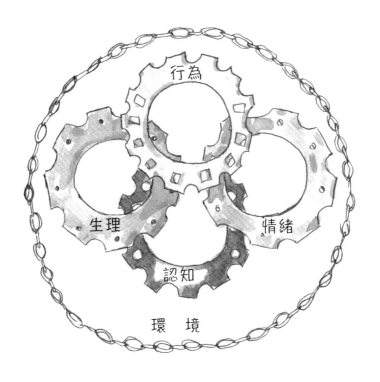

認知行為治療(簡稱CBT)模式

組距而異）。

　　說得淺白一點，別那麼神經科學，所謂的「狀態性焦慮」就是人在面對帶有威脅性的要求或是危險時所產生的不舒服情緒。對許多人來說，這是一種過渡性的情緒感受，會在相對短暫的時間內消失——畢竟，焦慮只是一種警示系統。

　　相反的，一個在基因上帶有「高特質性」焦慮傾向的人，會感受到更強烈的狀態性焦慮，也需要更長的時間才能消除各個事件所造成的焦慮感。

　　我常以如下的例子，來說明遺傳與環境因素在焦慮當中錯綜複雜的關係。

想像你回到孩童時期，在一個晴朗的日子，你和朋友正在前院玩耍，鄰居的狗兒興致勃勃地也想加入一起玩。

　　你和朋友都嚇壞了，緊張得放聲尖叫。狗主人聞聲前來道歉，向你們保證這隻狗很和善，而且很喜歡小朋友，「牠只是想跟你們玩而已。」說完，這一人一狗就離開了，留下你和朋友繼續玩。

　　不過，你跟你朋友的差別在於，你朋友的情緒很快就穩定下來，彷彿沒受到太大影響（受驚程度大概只有六十分吧，一百分則代表你經歷過最嚴重的焦慮。）

　　可是，有著「高特質性」焦慮的你仍然處在心跳加速、呼吸急促，還伴隨其他與恐懼相關症狀的情況當中，你的驚嚇指數已經到達一百分級數裡的九十分高峰，你的恐懼感受更為強烈，而且需要更長的時間才能平復。

　　也因此，日後你和朋友若是再遇到那隻、或是其他的狗，就會是這番景象：

你的朋友

你

大相逕庭的感受，帶來截然不同的記憶。你感受到的痛苦深深烙印在你的記憶當中，因此，你發展出了恐懼反應，想逃離激起你恐懼感的人、事、物；反觀你的朋友，泰然自若，迫不及待地想跟那隻和善又愛玩的狗兒一起翻滾。

我喜歡這個例子，因為它簡單明瞭地讓你理解恐懼症是如何形成的——就是你記得的恐懼的經歷——不論那是起於一隻狗、蜘蛛、老鼠、還是海鷗，都一樣。

來談點神經科學吧

很多人問我：「為什麼當我覺得自己理智斷線時，會有種自己完全失控的感覺呢？」

這個嘛，我們來看看大腦處理各種事物反應的兩個系統，就能得到最佳解釋。

1. 邊緣系統

邊緣系統通常稱作情緒系統（對我們而言，就是大腦裡不理性的部分），是一個在我們腦中深處的

構造，在我們面臨生存與健康的威脅時就會發揮作用。

我們置身威脅當中時，腦中名為「杏仁核」的小構造會因恐懼而驚聲尖叫，而其他構造可能輕鬆以對，分泌我個人認為最強而有力的愉悅傳導介質——多巴胺。

大腦會分泌讓人產生愉悅感的四大化學物質，多巴胺不過是其中之一。運動迷會熱情地與你分享他們在完成艱辛的鐵人三項之後腦內啡飆高的故事；新手媽媽常會告訴你，她們在哺乳時感到十分平靜，這則是歸因於她們大腦分泌的催產素讓她們感到放鬆，也更容易泌乳；出現在大腦與消化系統中的血清素則是最後一個要角。我會這麼比喻：如果腦內啡帶來的感受，就像啜飲一杯以伏特加和蔓越莓汁調成的雞尾酒，那麼血清素就等於伏特加雙倍之外再加紅牛；而多巴胺，這當中的狠角色，則像是聽著狄恩・馬丁（Dean Martin）的低沉歌聲，輕啜一杯不加橄欖、不加冰塊、不要搖晃、只需輕攪的 Dry Martini。

2.大腦皮層

　　大腦皮層是我們大腦裡最重要的部分（至少在心理學領域是如此），我們之所以是人類，就是因為它的存在。

邊緣系統馬丁尼
多巴胺，輕搖，不要攪動。

它是人腦中最高度發展的部分，掌控著我們的思考、感知、建構與理解語言的功能。人腦對訊息的處理絕大部分都是在大腦皮層進行，我們不妨就稱它是大腦的理性部分。

現在，我們回到失控這個問題。容我引用神經科學家喬瑟夫・勒杜（Joseph LeDoux）言簡意賅（我最喜歡的解說形式）的結論：

「由情緒系統通往認知系統的連結，

比由認知系統通往情緒系統的

連結更牢固 。」

有些理論者稱此為「杏仁核劫持—amygdala hijack」。這些來自我們腦中較深層區域的強烈訊息與感受威力強大，大到就像一顆大鐵球要穿透網襪般，可以直搗大腦皮層。

另一個我常被問到的問題是：「每當我想擺脫那些憂慮的念頭，為什麼卻怎麼也擺脫不掉呢？」

你可曾注意到，人越是不要去想某件事，就越會想個不停？好像你越是費心要避開那個念頭，那個念頭就越是會浮現在你腦中。

我們來做個小小的練習：

現在，我要你們把注意力全放在我身上，不要想到駱駝；不要想到駱駝或是沙漠的畫面；不要想到有駱駝花紋的坐墊；不要想到《國家地理雜誌》的封面。要專心，別想到駱駝。

怎麼樣？滿腦子都是駱駝，對吧！

心理學家丹尼爾・韋格納（Daniel Wegner）對此是這麼說的：

整件事的有趣之處就在於，當你試圖避免想起某件事，你反而得記住哪一件才是你不該去想的事。因此，我們的記憶——頭腦中設法保持思緒清晰的部分——就以這種矛盾的方式啟動了我們的思緒。

我喜歡這麼想像：你的大腦皮層很制式地忙著想辦法要消除那些惱人的駱駝思緒，它收到的直接指令要它消除所有和駱駝相關的念頭，接著，記憶從小睡中醒來，聽到這因為不要想起某個東西所引起的騷亂。

突然間，你又想到了駱駝。

這如何發生就是個謎，然而我們的大腦至今仍藏有許多未解之謎。其實，我想說明的是，叫一個正在憂慮的人「不要再憂慮就好了」是毫無意義的，那成效大概就跟我叫你別去想到駱駝一樣。（牠們又出現了！）

行為

憂慮型過度思考常被視為是一種「認知行為」。它被歸類為一種行為，因為它就是我們所行之事。它不僅是一種內在的思考過程，同時也擁有完整的行為特性。它也牽涉到我們的肢體動作，像是踱步、嘆氣、揉揉緊皺的眉頭，幾乎可說是一種儀式化的舞蹈。

有些理論學家認為，這些沒有明顯目的的行為，會在你想讓自己冷靜之際成為某種形式的干擾；心理學家則是一致認為，這些動作是身體在發出訊息，告訴我們其實我們已不堪負荷。

不論這些舉動的特定目的是什麼，這些行為無疑的確發生了。因此我們得出這樣的結論：即便憂慮型過度思考是一種思考的過程，它仍被定義為一種行為。

如同我先前提過的，如果你是個慣性憂慮型過度思考者，或是容易擔憂的人，那麼有百分之二十五至四十的機率，你的一個或一個以上的子女在基因上也會有容易擔憂的傾向，就像你可能的這樣。（回顧一下我們之前對擔憂的定義，是「預期負面且具災難性的結果會發生」。）

幾乎就跟每件事一樣，「天性」與「養育」是共同作用的（我們稱之為「表觀遺傳學（epigenetics）」）. 因此，孩子會透過觀察父母，學習去處理、或是不顧人生的挑戰。你也是這樣長大的。

「大人都是這樣做」

這就是所謂的「角色模仿」。孩子只有在身邊的成人沒有異狀，才會感覺自己是安全的。因此，你每次的皺眉、掩面，你的孩子都認真地看在眼裡，因為那是他們的生存之道。

他們聽見所有的嘆氣和喘息，看見眼淚、垮下的肩膀和來回踱步。他們不只看到所有的肢體語言，同時也感受到周遭大人的舉止有異。

爸爸可能會說：「小朋友，你們安靜，別去吵媽媽。她現在心事重重。」

這時可能會有其他成人，或是泡杯茶或是倒酒，安慰大家。這些過程發生時，孩子內心會認為這是必須嚴肅以待的重要行為。

一些有憂慮傾向的人可能會花時間獨坐、酗酒、拒人於千里之外，而且暴躁易怒。你在孩提時期可能經歷過別人對你「沉默以對」（「生悶氣」）。像這樣不告訴你問題出在哪裡，也不說明究竟是不是你的錯，就可能會造成你的憂慮。

因此，當孩子目睹到這些憂慮的行為，他們會相信憂慮是件重要的事；如果大人們這麼做，那必定真的非常重要，而且攸關生存。

過度憂慮的家長通常都有對子女過度保護的傾向（「直升機家長」）。「這世界相當危險，處處危機四伏，為了確保自身安全，你得隨時提高警覺。」這類家長在無意間傳遞出的訊息，會導致孩子產生以恐懼為出發點的過度警覺。

　　我無意當個危言聳聽、導致你想太多的人！不過，以我們目前對遺傳傾向對焦慮之影響的理解，讓你知道相關資訊總比提都不提來得好。有道是：「多一分準備，少一分災害」嘛。

　　另一個好消息是，市面上有教導孩子如何管理自己的恐懼感與對付「憂慮怪獸」的好書。我推薦茉莉亞・庫克的《憂慮機器》（*Wilma Jean the Worry Machine* by Julia Cook）、道恩・休伯納的《擔心太多了怎麼辦？》（*What To Do When You Worry Too Much* by Dawn Huebner）以及佛莉姐・沃爾夫與哈莉葉・梅・薩維茲合著的《憂慮使你憂慮嗎？》（*Is a Worry Worrying You?* by Ferida Wolff and Harriet May Savitz）

情緒與心情

如你所見，我們的行為與生理有著不可分割的連結。還記得旁邊這張圖嗎？我們的所作所為會影響我們的生理健康，而我們的生理狀態又會影響著我們的行為、思緒和情緒。

在這個領域裡，與過度思考相關的常見感受為：

• 過度焦慮——不安、緊張、壓力、煩躁
• 感到躁動或心神不寧
• 易怒
• 情緒低落——提不起勁、意興闌珊
• 情緒性焦慮／恐懼

無止盡的過度思考使得我們的大腦變得過度警覺，對察覺到的危險或憂慮不斷保持戒心，造成我們處在恐懼及躁動不安的狀態當中，隨之而來的，就是前述的各種生理反應（例如腎上腺素與皮質醇過度激升）。因此，你的情緒感受會受前述的所有其他因素深深影響也是理所當然的。

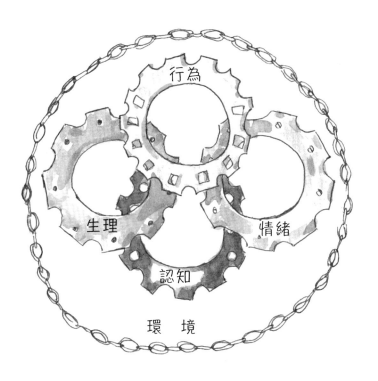

讓我為你將這些串連起來：

你睡不好，因為你整晚都在反覆回想與擔憂——可能是工作上的問題、財務上的顧慮，或是子女的健康。

就算你想辦法讓自己睡著了，這個你設法得到、極其短暫的睡眠，也沒能讓你在起床後神清氣爽。

倦怠、疲憊與焦慮降低了你對日常瑣事的容忍度，例如早餐時家人的互動、催促孩子快準備上學，以及交通狀況。隨著容忍度降低，你極有可能開始暴躁、易怒。

你對快樂的感受漸漸消失，開始對以前還能樂在其中的音樂、烹飪、園藝活動、散步覺得興味索然。你可能會發現自己的整體快樂指數降低了，與他人相聚也成了例行公事，而非樂事一件。像這樣逐漸感受不到日常活動的樂趣（失樂症），除了有其生理上的成因，也被視為是憂鬱症的症狀。

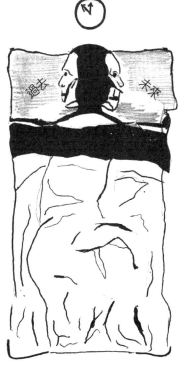

累到睡不著

在離開「憂慮型過度思考對情緒狀態的影響」
這個單元之前，我想提醒，所有研究都明確指出，
憂慮型過度思考對我們的情緒有長遠的影響，而且
跟憂鬱症有強烈關聯。

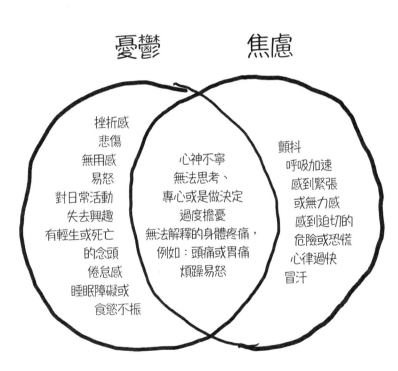

正如你在這個交錯的圖中看到的，憂鬱、焦慮與過度擔憂是密不可分、環環相扣的。我常以汽車電池為比喻，說明這個現象。

請想像你的內在能量來源（生理）就像汽車的電池。你讓車頭大燈亮著，這可比喻為你遭遇到的重大災難（例如家人驟逝、歷經一場大屠殺、或是一場毀掉家園的天災）。人在歷經這類災難後所產生的反應，有可能會被歸為「創傷後壓力症候群」（PTSD）。不到一個小時，電池的電力就耗盡了。

如果你只讓停車燈或車內燈亮著呢？電池會持續很久，但最終電力還是會耗盡。

所以，在持續的焦慮與憂慮型過度思考的前後夾擊下，人通常會選擇「撐下去」，認為情況很快就會好轉，但我們的電池可不是這樣運作的。你的電力終將耗盡（憂鬱）——不過只比遭遇到了重大事件持久一點而已。

因此，我要強調，不要輕忽這些警訊的重要性。當你察覺自己的電池即將耗盡時，千萬要注意，因為你的身體正在告訴你一些事。莫忘那句古

諺：「防微杜漸，永保安康。」

認知

我們之前談過生理是如何影響行為與情緒，行為又如何影響生理，以及情緒如何影響行為。然而，在我看來，認知才是最重要的領域。我將它視為「總部」。認知領域是指思考、理解、學習與記憶這些有意識的心理行為。

且讓我舉個認知行為的例子，來說明我的論點。如果你手握一枝筆，並且保持手不動，那枝筆和你的手應該都保持在同樣的位置才是（除非你的手不聽使喚）。當你的大腦傳送訊息到手上，要它往左移，你的手就會往左邊移動——前提是，你的思緒必須要對行為下指令。

這就說明了思考（認知）擁有最終的掌控權。所以我才說是總部嘛！我們的認知過程支配著絕大部分的行為（驚嚇反應是例外——例如，當你碰到很燙的東西，你不加思索就會把手移開。）

這同樣適用於其他領域。例如，如果你對某件

事過度思考，擔心你的未來和一切全都會分崩離析，你就會開啟焦慮（生理）與恐懼（情緒）模式。

　　「大腦的思考處理過程，其實是一種生理現象」，這是在這個跨領域的相互連結中　另一個我認為需要讓大家了解的概念。這麼說的意思是，大腦不過是你身體的一個器官，而你我的情緒則是一個複雜的心情調節系統的展現，這些都是自然、而且科學的。

在現代的已開發國家，我們常以非常抽象、浪漫的說法來談情緒與智力。大家通常這樣說：「小史蒂芬妮精湛的琴藝真是上天的恩賜啊！」上天是誰？是怎麼個賜法？我問我自己。（我想應該是DNA吧，以某種不可思議的方式。）

生理、認知與自殺

討論自殺與憂鬱症，就不能不提到生理與認知這兩個領域彼此之間的連結。我相信有機體（我們）自殺這件事，並非大自然演化的進程。動物都有強烈的求生意志，在最惡劣的情況下，我們甚至會喝尿、吃人肉，好讓自己存活下去。所以，在我看來，因為重度憂鬱而導致自殺其實是發病過程的一環。

身為確診躁鬱症者的我親身經歷過這個疾病的發病過程，那相當耗費心神。每當我陷入極度瘋狂或是重度憂鬱時，我知道，那是這個疾病必經的歷程。

患有憂鬱症的人有時會有輕生念頭。隨著病情惡化，他們會開始思考該用何種方式結束生命。對我而言，這並非天性。這是因為當大腦的認知系統處在一個非常負面的狀況，而生理進程又對大腦造成衝擊時，就會萌生自盡念頭。

這個主題的確令人沮喪。我也知道自殺的理由有千百種（例如長期的焦慮、衝動失控與濫用藥物）。這些理由同時也是生理與認知相互作用的最有力證明。

總而言之，大腦和它的認知系統支配了我們的行為與情緒，同時也對我們的生理造成顯著影響，這些因素無疑密不可分。

現在，讓我們回到
那個困擾著你的特定認知過程⋯⋯

第四章

憂慮型過度思考（又名擔憂）

我平均一天看診會接觸到七位求診者，而七個人當中就有六人有焦慮的症狀，而六人之中又有四個人有憂慮型過度思考的問題。

在了解求診者的過程中，我總會問他們覺得自己是想太多，還是擔憂。年紀稍長的人傾向回答擔憂，而二十五歲或以下的年紀較輕者則說自己是想太多。當我問起他們過度思考的情況時，他們描述的內容就跟那些自認為有憂慮傾向的人一樣，也就是預期會出現災難性的負面結果。

所以，從現在起，我將憂慮型過度思考簡化為「擔憂」。這不但能省點打字時間，在我看來，這兩者指的也是相同的認知過程。

擔憂、信念、迷思與傳說

許多求診者都知道，「擔憂」這種思考方式會

對他們造成健康問題、睡眠障礙以及倦怠。儘管如此，還是有許多人不願意放下如此想法（習慣），因為他們相信，這樣能保佑自己平安、給予他們動力，並且防止壞事發生；要是他們不擔憂，那麼鐵定會出事。

這是迷思，也是迷信。

讓我為你點出這當中的荒誕之處。請想像我們一起在我的辦公室裡，我問你：「你好嗎？」你伸手去拿一個最靠近你的東西，可能是個木製品，你摸摸它之後再拍拍自己的頭說：「還不錯。摸摸木頭，萬事無憂。」

現在，想像一下，有個外星人坐在這房間裡，看著一切。

看來如何？可想而知，荒謬啊！那外星人肯定是這麼想：「這些地球人的心情好或壞，跟隨便摸一下家具或窗框，再拍拍自己的頭有啥屁關係？」

　　懂了嗎？這就跟撒鹽、避免從梯子底下走過，或是不可在室內撐傘一樣，都是奇怪且迷信的行為。

我很不想這麼說，

但憂慮也是同樣的道理。

它就是一種由迷信行為演變而成的習慣。

讓我來為你描述一個場景：

請想像一個有十七、十八歲兩個女兒的媽媽。這兩個女兒不但要去參加舞會，而且還是跟一群男孩開車去，其中一個男孩是指定駕駛。喔，我忘了說還會有酒精助興。

當天晚上，人在家中的媽媽開始來回踱步，走來走去，走來走去，還不時望向窗外；爸爸看著電視上的體育節目說：「坐下來，放輕鬆點。就讓孩子去玩一下嘛！她們也到這年紀了。」

媽媽嫌惡地望向爸爸：「你就只顧著看電視，當然覺得一切都很美好。我只是希望你知道，總得有個人為這個家操心。天知道，要是哪天我不再為這個家操心，會出什麼事——這個家就毀了！不是我愛操心，而是你從來不操心，所以只好由我來！」

接著，事情就是這麼巧。這群年輕人出了個小車禍，錯不在他們，但是他們全都受了輕傷，被送進當地醫院。就在這一刻，媽媽擔心的事與這個意外碰撞出了火花！

因為這個巧合，這位媽媽得到更強而有力的啟示（委婉地說），那就是，不論現在、過去，還是未來，永遠都有擔憂的必要！現在，媽媽繼續相信為孩子擔憂是必要的，以免壞事發生；現在她也相信，當時她要是再多擔心一點，要是沒有那個只顧著看電視的丈夫讓她分了心，她就能阻止那場意外了。

　　這個例子充分說明了憂慮為何總是揮之不去，以及信念何以是憂慮的必備要素。

現在你知道，

憂慮的迷信當中兩個主要的信念是：

1. 憂慮的防災能力

2. 憂慮的預測能力

真實的情況是，憂慮是一種認知（思考）過程。而且，據我所知，光靠思考是無法移動或改變物質的，更別提能控制世上發生的事。

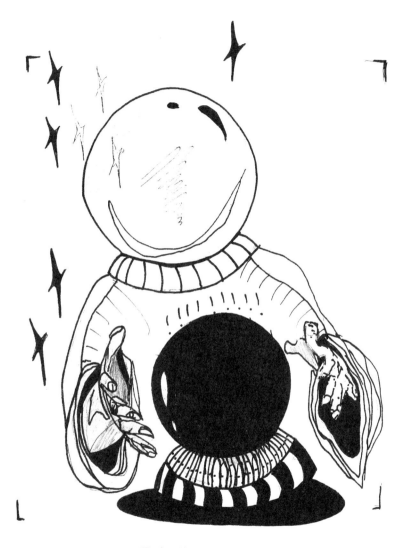

憂慮的預測能力

也許你正在籌辦一場戶外婚禮，但你擔心，要是下雨那可怎麼辦？可是，不論你多麼擔心，你也控制不了天氣。你能做的就是採取行動，搭起遮雨棚。

重點是，除了導致胃潰瘍、腸躁症等
身體上的副作用之外，
憂慮不會為你帶來任何好處。

對於重要的事，我習慣一再強調，這些正是我衷心希望你能理解的概念！話不多說，讓我再說一個擔憂無用的例子。

擔憂有用嗎？

這裡的重點是為了再次向你強調「擔憂也沒有用」——因為，除非你相信這個論點，否則還是不會甘願放下的。

請在心中想像這個畫面。我跟你在我的辦公室

裡。辦公室裡有木製窗框、一個小小的檔案櫃，還有兩張舒適的座椅。我們兩人各有一杯水。

我是你的治療師，我就坐在你對面，身旁有個檔案櫃。我要你想像自己盯著我那杯水，想像杯子裡裝滿紅酒。喔，記得還要想像我動不動就把檔案櫃的抽屜開開關關，我的腳同時也搖來晃去，不安分地動個不停，隨時干擾你持續想著那杯紅酒。

當我坐著時，我開始假裝擔心可能即將發生的事（預測）。我盯著那個杯子，希望、並祈禱它別掉下去。在預期災難可能會發生的過程中，我的思緒也許是這樣的：

天啊！那杯酒要是掉在地毯上，污漬去除不掉，地毯又不能換，然後保險也不理賠，而我又拿不出錢賠該怎麼辦？會不會最後我因此失業，甚至流落街頭？

我一路滑向負面思考漩渦的最底部，這就有點像是把自己沖下馬桶——其實我這麼做也無妨，反正最多也只能這樣。

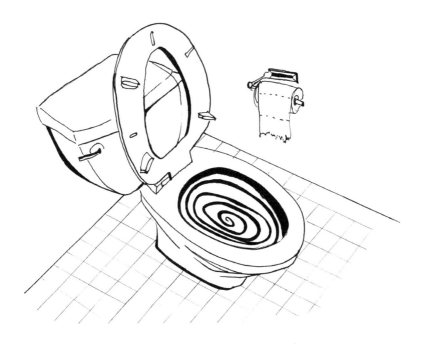

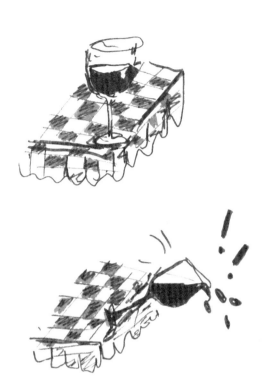

回到辦公室的場景。我當然可以一直坐著，想像那個杯子「可能」會掉下去、毀了地毯、導致我失業、最終如我所想的毀了我的人生，用這些想像的「可能性」來嚇自己；或者，我也可以移動杯子，離桌緣遠一點，降低打翻杯子的「可能性」。

所以，我們從這個例子可知道，**行為改變結果**，而**憂慮性的思考啥都改變不了**。這種想像的負面事件發生的可能性，是**隨著行為而降低，而非隨思緒**。

被高估的可能性

看看下一頁的表格，你會發現，所有你花了寶貴的時間在假想與擔憂的事，其實最終只有極小部分可能會發生。

憂慮表

我們擔心的事情，有百分之四十不會發生

百分之三十是已經發生的事，我們也改變不了

對健康的憂慮，有百分之十二是不必要的

百分之十屬於瑣碎小事

只有百分之八是真正值得擔憂的事（其中一半我們無力可回天，另一半是我們能做點什麼的）

持續地高估災難性壞事發生的可能性，是憂慮者認知領域裡的一項特徵。你越是高估生活裡發生負面事件的可能性，你的焦慮程度就會越提高，而且還會加深事情一旦真的發生時，你會無力應對的想法。

當你再更貼近點去瞭解這些事實，

你會看得更清楚，

你其實花了大把時間在自找麻煩。

你所想像的，還比現實為你帶來更多痛苦。

「如果？」──憂慮魔咒

「如果……？」這兩個字看似無害，合組起來卻成了引發大部分憂慮型過度思考的罪魁禍首。下列思緒，你覺得眼熟嗎？

- 是沒錯，但如果真的發生怎麼辦？
- 如果他們那麼做呢？
- 如果我做了那件事，導致另一件事發生呢？
- 如果我處理不了呢？

這個「如果」魔咒，會讓你陷入長時間的冥想狀態，持續、誇大地想像各種可能的情形，帶著你在無止盡的負面預測漩渦中不停地打轉。

每當你打開一個憂慮漩渦，就是讓你自己的戰鬥／逃跑機制持續處於運作狀態，不停分泌腎上腺素，最後導致系統耗弱。導致你徹夜難眠，隔天起床無法神清氣爽的，也正是這種思考類型。

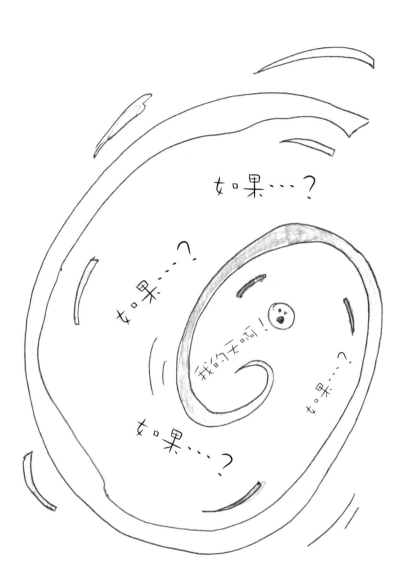

憂慮型的思考不僅會出現負面的預測，

就連想像的結果通常也十分嚴重。

這就是所謂的「災難化」。

值得注意的是，生成這種會誘發焦慮的思緒，並不需要任何現實生活中的問題來刺激。所有生理及情緒上的騷亂，都是你的思緒創造出來的。它的觸發並非來自於外，而是在你的內在。

這本書前面篇章的目的，是要讓你知道憂慮性思考的複雜性；它不僅涉及生理、情緒、行為與認知的運作機制，還包含了憂慮本身的複雜本質。

　　至於認知習慣則是一種棘手的現象，有點像Pythonissa女巫，一個狡猾的預言者。

　　憂慮型過度思考狡猾地避開了邏輯與理性的耳目，深植在人的思緒中，而且常常難以根除。我在看診時常發現，每當我問就診者：「怎麼樣？都還好嗎？你覺得你已經完全克服你的憂慮型過度思考了嗎？」

Pythonissa ，狡猾的預言者。

他們回答：「有啊！我現在都只擔心重要的事情而已。」

噢！天啊！

你看，遇到更大的問題才擔憂，代表他們認為擔憂仍然有其存在的價值，而且能夠因此改變現實。我的患者常相信自己「已經痊癒了」，因為他們決定不再「為小事抓狂」，所以現在只為人生中的大事煩惱。

非也！擔憂就是憂慮，就是煩惱！

憂慮因為迷信的信念而持續存在，而迷思又強化了它的存在感、氣勢與影響力。對治之道，就是運用以事實為基礎的證據，去挑戰各種與憂慮相關的看法。

克服
過度
思考

第五章

如何處理過度思考：治療模式

這裡只有我和你，以及一片白板。

歡迎來到我的辦公室。這裡只有我和你,以及一片白板。我們每週一次的療程即將開始。(會有作業喔!)

你先前已經填妥一些資料,所以我可以根據你提供的資料,為你設計一套課程。如下是你描述的一些感受:

生理

- 胃腸問題
- 輾轉難眠,睡醒也沒神清氣爽
- 心悸
- 呼吸急促
- 倦怠
- 焦慮

心理(情緒)

- 暴躁易怒
- 沮喪
- 憂鬱

* 感傷
* 恐懼

行為
* 逃避
* 退縮
* 過度憂慮

認知（思想）
* 悲觀
* 自我批判
* 難做決定
* 注意力渙散

恭喜你中大獎！你現在是經過認證的憂慮型過度思考者！

　　這裡畫的是「認知行為療法」模型，這是標明你的困擾經驗（症狀）的最佳方式。

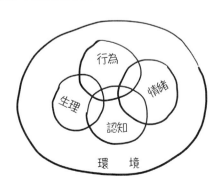

下一步要告訴你，要如何將這個模型轉換為實際可行的方法。

　　它是這樣運作的：

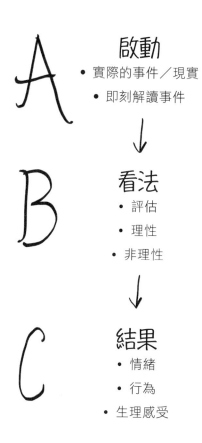

A＝現實，實際的事件，誘因

「A」絕對不是問題的源頭。就像我一直掛在嘴邊的：「這是實際狀況，而且鳥事真的會發生！」

我先前提過，說到憂慮，啟動它的刺激可能來自於外，也可能是由內而起。例如，一通傳來壞消息的電話就可能會被認為是**外在誘因**。

你人在家中坐，開始想著「如果…？」接著，你把自己推進想太多的漩渦，你的思緒就是一個誘因，也就是所謂的**內在誘因**。

B＝你的認知／思緒

這裡所指的思緒包括理性思緒，以及包含信念、感知與評估在內的非理性思緒。

你看，在認知理論中，不單是「你在想什麼？」，我們對於「你怎麼想？」也感興趣。換句話說，我們正在檢驗你從A（誘因／事件）推論得來的意義。

在認知治療的世界裡，推論就是你對某件事的理解，對它的臆測。例如：「我是怎麼樣的人？」、「這對我有什麼意義？」

比如，我們倆讀了同一本書，我認為這本書不僅激勵人心，也很有啟發性，可說是我讀過最棒的一本書了。

同時間，你強迫自己翻完這本書。你之所以草草翻過，是因為這本書是讀書俱樂部本月的指定書籍。你說，這是你讀過最無聊的東西。

很難相信我們讀的竟是同一本！但這也清楚顯示了，不同的感知濾鏡和不同的資訊處理方式，會導致對同一事件的看法和詮釋截然不同。

在認知治療中，將重點放在你是怎麼想的（換言之，你如何定義事件）是不可或缺的。而在這個B階段，才是干預療法介入的時機。

從這本書可以看出我是怎麼樣的人呢？

不是正面思考

這個觀念很重要——認知治療的目的，不是要教你正面思考。在我看來，那等於是「把糖撒在狗屎上」！就認知行為治療的結果而言，你的思考會變得較有建設性與助益，但這跟透過肯定而得到的正面思考不同。

　　我的意思是，你想想看：你把一半的睡眠時間都用在反覆回想，預期災難可能發生，然後從自己的驚叫聲中醒來，你不但感覺糟透了，整個人看起來也活像是一場災難。

你走進浴室，對著鏡子裡的自己反覆說著：

- 「我正面看待自己和他人。」
- 「我不讓任何事情傷害我。」
- 「我喜歡鏡子裡的這個人。」

你覺得如何？

　　可別誤會，我不是反對大家積極、正面地去思考，但是若把正面的想法強加於負面思緒上，那就像我對你說：「別再去想駱駝！」一樣。

意義的重新歸因

在認知理論中，事件的意義需要「重新歸因」。這意思是，重新以一種嶄新、且不同的觀點為事件賦予意義。藉著學習如何對事件「重下定義」，你能學得如何將不理性的恐懼感轉變成針對現實狀況做出實際的評估，進而降低恐懼。

例如，你看到房間角落有老鼠。你相當驚慌，於是立刻衝出房間——心跳加速、呼吸急促——因為老鼠在你腦中的「意義」是這樣的：

天啊！一隻滿身病菌的齧齒類動物！要是我坐下來，牠一定會朝我衝過來，爬到我身上，咬我一口！我會得到鼠疫，我無法忍受！

將整個事件重新歸因，你會建構出這樣的思緒：

你看到老鼠。基於衛生考量，你不希望牠在那兒。你這樣告訴自己：

牠更怕我，因為我這個生物體型比牠大上許多，牠不過個小東西。

你可以拿起掃把驅鼠，也可以喚孩子把老鼠趕出去，還可以設捕鼠器——你開始解決問題了。

只要理性思考那隻老鼠代表的意義——**基於事實的思考**——你就不太可能恐慌症發作，因而整天站在屋外尖叫，直到有人回家救你。

重新歸因意義之後，現在的你是基於事實與實際情況在思考，現在你的思緒是理性的，而且有實際證據為基礎，這和你出於想像所創造出來、甚至還會誘發恐懼的不理性思緒完全相反。

你的思緒因此變得更有組織、更有助益，沒錯，而且也更正面了！這種思緒的轉變正來自於你重新定義了你遭遇到的事，讓它變得不再那麼可怕，而不是一昧地在負面思緒上堆疊那些就連你自己都不太相信的正面信念。

C＝你的反應

生理的／情緒的／行為的

在我們更進一步之前，請注意這個公式：

B（認知）
創造出 C（反應）

就像先前提過的，驚嚇反應不在這個規則之列，因為那是所謂的「制約情緒反應」。我們來大略瞭解一下伊凡‧巴夫洛夫（Ivan Pavlov）這位俄羅斯醫生從他的狗身上觀察到的反應。

巴夫洛夫發現，狗看到肉時會不由自主地流口水，但對沒味道、又不可口的鈴聲不會有反應。不過，只要把鈴聲和香氣四溢的肉搭在一起，狗又會開始流起口水。

嘿！這個就是制約反應啦，這隻狗日後光是聽到鈴聲就開始流口水了。謝謝囉，巴夫洛夫……

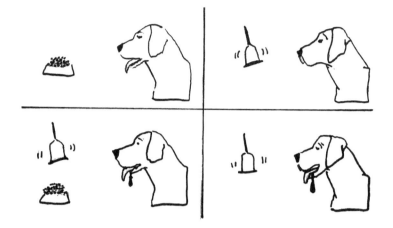

巴夫洛夫

可別把巴夫洛夫跟帕芙洛娃
（某種糕點）搞混啦。

我們回來談談那隻老鼠，好說明巴夫洛夫的實驗對人類和焦慮反應的重要性。我想提一下我的齧齒類動物恐懼症。（我知道你可能會有點震驚——原來我並非那麼完美。）

請想像一個圓胖可愛的英國小女孩——我，從「文明的」英國（脫歐前），搬到一個與世隔絕、要靠水力發電的紐西蘭村莊。白皮膚上滿是蚊子的叮痕，所有比走過一條小徑更花心思的事，當時對我來說都是難事，不過我仍然努力想融入這裡的生活。

我跟著其他小孩（但我還是穿著鞋子。打赤腳對我來說完全是外星人的行為），一起跑過一小片長著松樹的土地。其他孩子開心地跑著，我卻覺得自己踮著腳尖，像是在跑過一片恐怖之地。接著，噩夢真的開始了！一個孩子大叫：「不要敲那棵樹！」

我抬頭一看，一個我生平見過最大、最可怕的生物就在樹上。一隻樹鼠。這隻樹鼠這輩子的任務就是要跳到我身上，用牠怪物般的巨齒咬死我！我邊跑邊尖叫，腎上腺素為我這個受恐懼所驅使的奔逃動作灌注了滿滿的能量。

記憶讓害怕演變成了恐懼症

隨著時間流逝，我的恐懼擴及所有齧齒類動物，不論牠的體型多大或多小。蝙蝠更是我的惡夢，因為牠們不但是老鼠，而且還會飛！誰都無法用「牠們不過是毛茸茸的可愛小動物」來說服我──我才不管那是不是事實！

所以，就像巴夫洛夫的狗那樣，我被制約了。所有跟齧齒類動物沾得上邊的東西，都會激起我相同的恐懼，彷彿我又回到那片松樹林，跟那隻危及我性命的巨鼠在一起。這就是一種「情緒記憶」，就跟我前面提過的小孩與狗相同。

人類會透過自己的感官記住事情：

- 聽覺：噢！我清楚記得那段旋律，我就是在那天晚上破處的。
- 嗅覺：嗯，每次聞到那碗湯的味道，我就會想起跟外婆在海邊小屋的那個夏天。
- 觸覺：我喜歡細沙在腳趾間的感覺，讓我回想到跟初戀在海邊漫步的情景（最後我還是被甩了）。
- 味覺：打從我有記憶開始，海鹽酸醋洋芋片絕對就是我最愛的口味。

情緒記憶

在感官記憶中，最常被忽略的就是情緒記憶：那些感受鮮明的回憶。情緒記憶激起的感受也許不像事件發生當下那般強烈，但這些感受同樣會帶來相當程度的歡樂或痛苦。

與記憶相連結的情緒是由杏仁核傳送，這些情緒記憶一旦被喚起，就會將過去的感受傳送到現在，重新上演。（還記得第五十二頁提過的大鐵球吧。）

如果這個被觸動的情緒記憶來自某件令人害怕的事情，就會引發強烈的痛苦。接下來，我會教你如何測量你的痛苦程度，這是你回家功課的一部分（詳見下一個章節）。

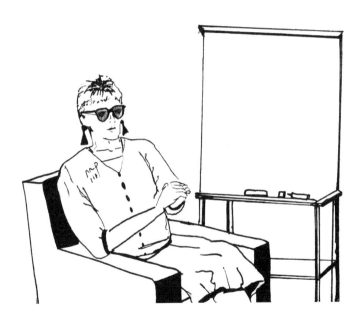

第六章

療程開始

A 是實際狀況，
<u>不是</u>問題。

C 是問題存在之處。
人們尋求
治療的協助，
因為他們感覺很糟，
而且不喜歡
自己處理事情
的方法。

B —認知，
就是干預療法
介入的時候

我們回到A－B－C這個運作模式。我在前頁的表格裡，將順序改為A－C－B，以便進一步解釋這個療法如何運作。

沒有人一早醒來就想著：「我一定要去看心理醫生，花一大筆錢，請他檢查我的想法是不是基於事實與證據。」但事實上，你的反應就是你思緒生成的一種投射。因此，要改變你的感受，就要先改變你的思考模式。

你之所以無法察覺自己有改變思緒的需要，最主要是因為在絕大多數時間裡，你的思緒提供給你的資訊都是以事實為根據的。

你走進房間，看見一張椅子，你知道那是用來坐的。

　　看到紅燈，你知道那表示要停下來；看到一杯水，你知道是喝的，諸如此類。

　　大多數時候，你都沒有理由該去質疑你的想法。然而，就像我提過的，你的思緒就是問題的解決之道。

「我發明了椅子。這是用來坐的。」

當你的思緒無法運作，

而且阻礙了你的人際關係，

那就是該接受治療的時候了！

讀到這裡，非常希望你已逐漸對認知過程的運作方式和重要性，有了更深入的了解，因為這些知識能有所幫助。本週的功課，就是開始實際運用這些理論。

首先，我們要先蒐集一些在商業上會稱為「基準數據」的資料：測量出起始點的基準數據之後，接著一切按計畫進行。就讓我們從「焦慮車站」出發吧。

如下是一張「思緒記錄表」，有時也稱為「思緒日記」。這張記錄表的格式可讓你在因思緒而苦惱時，能將當週發生的幾件事記錄下來。

　　也許你認為用手機記錄想法更方便，這我倒是不介意，只要下回上課有資料就可以。

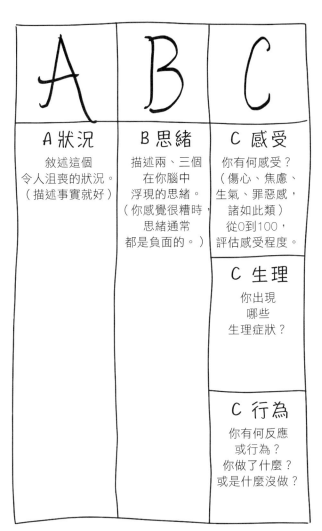

A	B	C
A 狀況 敘述這個 令人沮喪的狀況。 （描述事實就好）	**B 思緒** 描述兩、三個 在你腦中 浮現的思緒。 （你感覺很糟時， 思緒通常 都是負面的。）	**C 感受** 你有何感受？ （傷心、焦慮、 生氣、罪惡感， 諸如此類） 從0到100， 評估感受程度。
		C 生理 你出現 哪些 生理症狀？
		C 行為 你有何反應 或行為？ 你做了什麼？ 或是什麼沒做？

思緒記錄表：

瞭解思緒、感受、與行為這三者間的關係

第一次使用思緒表格的小訣竅：

A 狀況。這個欄位只需描述事情發生的實際情況。不要記錄感受或想法，只要陳述事實。簡明扼要。不要分心。

B 思緒。這些思緒一定要自然而然地流露，猶如一條知覺意識的小溪。你想怎麼胡言亂語或充滿負面思緒都行。什麼都可以，就是別去審查你的思緒。你在動筆寫下時可能會邊想：「我是在寫什麼鬼！要是關朵琳醫師看到這些，一定會認為我腦袋有問題。」我要的就是越瘋狂越好啊！我得知道你怎麼想，而不是你認為你應該怎麼想。如果你希望這件事能成功，那麼務必誠實。請記得，如果這是在診間的實際療程，可是要花掉你大把鈔票的！

C 感受。你可能會覺得，在記錄行為之前先記錄情緒比較容易，畢竟情緒是最先出現。

你注意到，我在這裡寫下「從0到100分，評估你的感受程度」，這是指「SUDS—主觀痛苦單位量表」。容我做個解釋：你的痛苦指數就等於你個人感受到不舒服的程度。

SUDS＝主觀痛苦單位量表

許多就診者為了逃避面對自己的真實感受，都會說：「坐在這裡講我自己那些雞毛蒜皮的小問題，我覺得自己實在很蠢。相信別人的問題一定比我的大得多。」

　　也許是，但那與你無關。如果你只想比較現實事件帶來的痛苦，那你其實不需要來做這個療程。只要一早就看半島電視台，盯著颱風肆虐、飢荒嚴重和種族屠殺的新聞，你就會覺得自己的世界好得不得了。不！這是行不通的！

C．**生理**。在這裡寫下你的生理狀況（例如心跳加速、呼吸急促、手心冒汗等）

C．**行為**。在這裡記錄你在煩惱時會有的行為。例如踱步、不接電話、擔憂（請記得，擔憂被歸類為「行為」。）

這些基準資料有助於評估你不適程度的變化，當然，也能看到你的進步。

就算不是條條記錄都完美也沒關係。

這不是考試。

一開始，你可能會覺得要分辨出思緒和感受有點困難，對事件的描述也可能有點冗長，沒關係，這都不是問題。就算只寫一個例子也可以！

我們下週再上新進度。

第七章

認識思緒病毒

歡迎回來我的診療室。

我：嗨！你上個禮拜過得如何？

你：還不錯。我有把一些沒那麼順心的事情記
　　錄下來。

我：太棒了！我上個禮拜過得不算太糟，我還
　　繼續在寫這本書。好，我來看看你準備了
　　什麼。

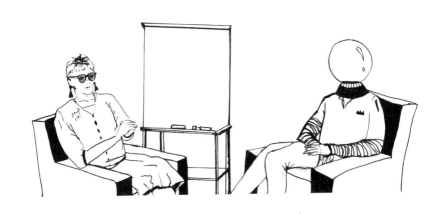

A	B	C
A 狀況	**B 思緒**	**C 感受**
上班時 收到一封 備忘EMAIL。 準備週四的 重組會議。	糟糕！ 就是這個！ 我一定 會被開除。 老闆一定會 認為我是 多餘的。 大家都打算把我 給開除掉。 如果永遠 找不到新工作， 那該怎麼辦？ 我對這個家 根本毫無貢獻。	沮喪、難過、 恐懼 （90％）
		C 生理 心跳加速 呼吸急促 很緊張
		C 行為 不接電話 擔心 來回踱步

我：不錯！這是個很棒的開始。你把所有反應
　　與思緒都填在正確的欄位。

　　分辨思緒與感受是最難學的。

　　在我們繼續分析你的記錄之前，我先跟你
　　介紹接下來都會用到的認知語言，我們稱
　　之為「思緒病毒」或思考錯誤。它們是一
　　種知覺的濾鏡，你通常不會發現它們在扭
　　曲你對現實的感知。

　　我將大腦比喻成電腦來說明。

電腦—人腦　類比

如果你將大腦處理訊息的過程想像成就跟電腦一
樣，那麼大致會是如下的譬喻：

1. 你有一顆硬碟，你所有的核心信念與價值觀從
　　許久以前就儲存在這裡。包括你早期的生活經
　　歷、角色形塑，以及你的價值系統。

2. 接著是軟體。你的生活規範與處世態度全都儲

存在此。這些生活規範常以「如果／那麼」的樣貌出現在你的思維當中。當你還是個孩子時，你學習這世界是如何運作，世人是怎麼過生活的。例如：你發現，如果你做出某種行為，那麼你媽媽就會非常生氣；如果你做出不同的行為，那麼她就會很開心。在你的成人世界，這會套用在你的伴侶、上司、或是親近的友人身上。

3. 再來就是螢幕了。你在日常生活中產生的思緒，全都會呈現在這裡。

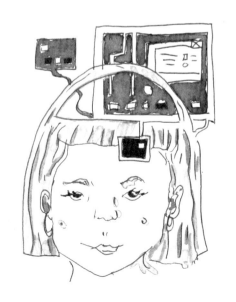

頭腦的詭計──當你的大腦欺騙你

讓我們繼續以電腦做比喻。如果在這比喻的運作系統也出現所謂的病毒，你的思緒也會變得不理性。這些不理性的思緒會誘發誇大的情緒反應。然而，你卻相信這些思緒是真實的。因為，有什麼不能相信的呢？

　　下面的清單列舉出部分「思緒病毒」。這些小小的「思緒病毒」會侵入你的認知處理系統，進而大肆破壞你對現實的理解與管理能力。（我把這份列表放在書後附錄，以便你隨時參考。你得先熟悉這些東西，以便它們在你的思緒裡作怪時，才能立刻察覺。）

思緒病毒

全有或全無的思考

常人總是以非黑即白的眼光看待世界，常使用這樣的詞彙：總是／絕不、沒人／每個人、每件事／沒事。這種沒為生活各個面向裡的「灰色地帶」保留任何空間的思考法，是一種非常僵化的思考方式。

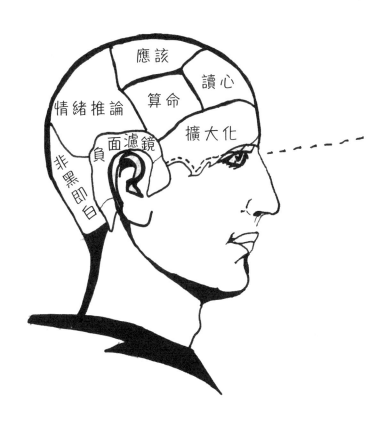

這種思考方式非常極端，想必你我身邊都有像這樣「非黑即白」的思考者。你很難跟這些人討論事情，因為他們永遠都認為自己是對的。「不聽我的就拉倒。」這聽來應該耳熟能詳吧。

過度推論

這種扭曲的思維會把不過是不算太好的單一事件，視為是一輩子都會不幸的前兆；而這令人不太開心的事件，也會被看作是永無絕期的挫敗模式。我再次重申，這種詮釋方式非常極端，而且帶有強烈的悲觀主義。

負面心理濾鏡

請想像你買了一組濾鏡，只要將它掛在眼鏡上，見到的盡是人生的黑暗面，生活中所有正面、歡樂的部分全被過濾掉了。不論遇到什麼狀況，你都只注意事情的負面情境。

這個濾鏡和憂鬱及焦慮的關係尤其密切。當然了，慣性憂慮者常會透過這濾鏡看待世界。

剝奪正面感受

這個思緒病毒不僅專注於負面情緒,也會過濾掉你所有的正面成就。就像有人恭喜你優異的工作表現,而你回說:「喔,誰都做得到,沒什麼了不起,只是運氣好而已。」

這是另一種持續以一貫的負面看法看待你個人、你的世界和你的成就的方式。

驟下結論

驟下結論是臆測的基石。單純出自你個人信念而產生的思維,以及對事件的負面解讀都是沒有事實根據的──尤其是我先前曾說過:「信念不是事實!」

這種思緒病毒有兩個元素,兩者在各種形式的焦慮中都扮演著重要角色:

1. 讀心

這是一種基於突如其來的念頭、毫無證據可證明你所想為真,就武斷地認為別人對你抱有負面印象的想法。這種臆測當中有兩個非常弔詭的

元素：

- 就算他們有想到你，但絕大部分時間，他們想的都是自己。
- 你內心在批評自己的同時，別人也一字不漏地引用你的話，在心中同步批評你──這還真是某種極度邪惡的黑魔法！

你現在可能會有點困惑，你以為別人都知道你在想什麼，但其實你想的就是你自己。

這個過程中還存有另一個行為，我們稱之為「投射」（一個由偉大的佛洛伊德率先使用的名詞）。你一直相信自己能看透別人的心思──其實你沒辦法──而其他人也能看透你的──事實上他們也做不到。這種錯誤又多餘的想法會讓你在與人互動的過程中，感覺自己容易被看穿，而且脆弱得不堪一擊。

2. 算命

噢！如果真有這種能力就好了！但事實上並沒有！

想像你所有的問題都因為你能預測出樂透中獎號碼而解決。對，這個思緒病毒裡的這個看法就跟這幻想一樣荒謬。

這是憂慮型過度思考者最喜歡的消遣──不斷預測（算命）負面結果。

跟著一起唱：

是，但是；不，但是；但是，那麼；但是，那麼，如果？

　　那麼它就會，那麼你就會，

那麼我就會⋯⋯

然後一切都會變成狗屎，

就像我之前跟你說過的那樣。

因為，寶貝，難道你不知道我是算命仙嗎？

來，事實是這樣的：你不會讀心，而且別人也不會。同時，你也無法預測未來。就算你擔心的壞事確實發生了，讓你以為自己真有這種特異功能，務必也請記住，這都只是巧合！

請記住：

感受不是事實。信念不是事實。

可別被唬弄了，思緒病毒不過是大腦用一些並非事實的想法來說服我們的手段。

我們運用這些思緒強化了自己的負面想法或情緒，例如：持續感到哀傷、焦慮與憂鬱，這些還只是其中幾個例子而已。

放大化，災難化

　　我們常聽到的一些用詞：「我的天啊！！！！」、「比德州還大！」、「大量、碩大、龐大、巨大」——連堰鼠洞都給講成了小山丘了！你放大、放大、再放大，不斷放大自己的情緒，直到不堪負荷而精疲力盡。這問題不是你獨有，任何人都可能輕易地戴上這種濾鏡。

災難化＋放大化

現在正是記住憂慮之定義的好時機：

「　預測　負面的　災難性　結果　」

算命　　　負面濾鏡　　　災難化

你開始理解了，這些思緒病毒各司其職地在你的腦袋裡惡搞。且讓我帶你再多認識幾個思緒病毒吧。

縮小化

放大化的相反詞。你把一座大山，例如你的豐功偉業，縮小成了一個小小的堰鼠洞。這麼做，讓你得以避免承認自己的能力與令人稱羨的特質，卻也同時降低了你對所有事物感到快樂的可能性。

我說啊，就幫你自己一個忙吧。如果你含笑九泉時還保有遙想當年的習慣，那就把縮小化和剝奪正面感受這兩件事留到那時再做就好。

情緒推論

雖說相較於算命與讀心這兩種曲解，情緒推論相對來說較不明顯，但在它陰險又不易察覺的偽裝下，還是藏有強大的力量。情緒推論會用「因為我感覺到某事，所以某事必定為真」這種想法來說服你。

每當我講到這個部分，就會提到著名的認知行為治療師與作家大衛・柏恩斯（David Burns）。他在著作《好心情：新情緒療法》（*Feeling Good : The New Mood Therapy*）一書中，已經巧妙地寫出我想表達的一切，那麼我就不在此贅述我的看法：

你的憂鬱（負面）思緒雖然是一種被曲解的產物，但還是創造出了一個強而有力的真相幻覺。讓我直截了當揭穿這個騙局——你的感受並非事實！事實上，你的感受本身根本什麼都不是，那不過是反映你的思緒而已。如果你的感知不合邏輯，這些感知所創造出來的感受，也就像你在哈哈鏡中所見的影像那樣荒謬。但這些不正常的情緒所創造出來的情緒錯覺，就跟未受曲解的情緒所產生的感受一樣真實，而且令人信服，也因此，你會自動將之歸類為

事實。

我敢說這一定讓你開始思考了。如果沒有，那麼就翻回前面，再讀一次！

回來談情緒推論。你有了恐懼、絕望、傷心的感受，接著，你開始相信這些會誘發焦慮感的不理性思緒，而在你意識到之前，你其實早已為自己買了一張「憂慮螺旋飛車」的入場券。

複習的時間到了：

B（你的認知／思維）評估了 A（事件／真實），於是創造出 C（情緒／行為）。

「你的感受是你思緒的鏡像反射。」
——大衛・柏恩斯

相信這一點是必要的，因為這是開始改變的關鍵。

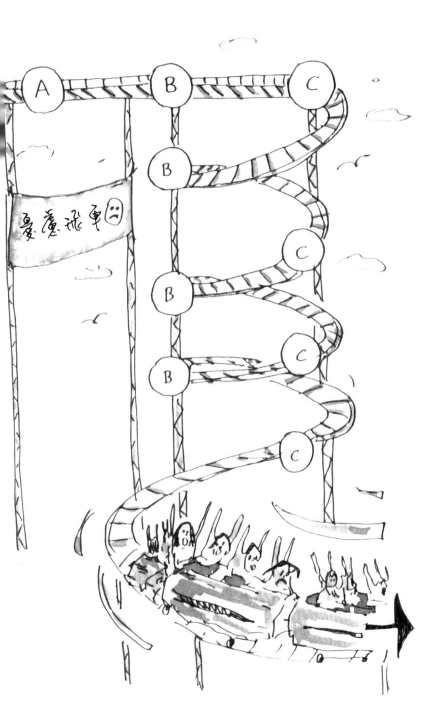

認知推論

認知推論的基礎是建立在臆測上，這一點與跟它實力相當的思緒病毒（情緒推論）十分相似。因為你認為某個想法是真的，甚至也相信它是真的，所以它必定為真。

再次提醒，除非有事實根據，否則它一樣不是真的。

想像一下：

你一樣坐在椅子上，而我站在你面前問你：「地球是平的嗎？」你腦中一瞬間浮現這個想法：「我該換個治療師了。這女人已經與現實脫節啦。」接著，你堅定地回答：「不，地球當然是圓的。」

我擺出挑釁姿態，低頭看著我的腳說：「可是，我覺得地球是平的。」（情緒推論）。「它看起來就是平的，而且我也站得直挺挺。如果地球是圓的，我怎麼可能這樣站著？我相信地球是平的。」（認知推論）。

現在，對這齣鬧劇有點厭煩的你直言：「事實上，地球就是圓的！這是有科學根據與證明的。」

重點在這裡：有根據。

相信其他沒有根據的感受，就是認知推論。

我再說一次：信念不是事實。

生理推論

據我所知，這個推論是我自己發明的。

現在，你對認知推論與情緒推論應該已有基本的理解了。一件沒有事實根據的事情，你卻說服自己要信以為真，我認為，一定是有其他因素才使得你這麼做。

我們在憂慮之際最先感受到的，通常就是生理感受。還記得那個牙齦膿包（見第三十頁），以及那些搜尋結果是如何放大了我們對健康狀況的焦慮感嗎？然而，這種因生理感受所產生的焦慮現象，你無需經過診斷也能感受到它們的存在。

例如，你一直都沒睡，你感到疲憊不堪與持續的焦慮，接著你的腸胃開始作怪，隨後你開始對可能的情況產生負面的過度思考。你不停地想啊

想，把自己帶回憂慮漩渦中的自我診斷階段（還有Google醫師鼎力相助）。診斷結果：如果當天是黃道吉日——闌尾炎；若是當天諸事不宜——腸癌。你在沒有任何事實根據下解讀了自己的生理訊息，賦予它意義，最後造成自己的恐慌。

這個狀況的A－B－C步驟會是這樣的：

A（事件）→**B**（思緒／賦予意義）→**C**（反應：情緒／生理／行為）

A： 狀況
肚子痛

B： 思緒
天啊！怎麼這麼痛？

　　我這輩子從來沒這麼痛過！受不了！我一定撐不下去。

　　如果？如果？如果？腸癌

C：感受
恐懼、焦慮、憂鬱

C：生理

心跳加速、呼吸急促、冒汗、肚子疼痛加劇

C：行為

擔憂、繼續上網搜尋、恐慌

所以你看，生理推論一直在進行。

胃腸神經病學——兩個大腦

現在，我要向你介紹另一個與腸胃有關的重要資訊，補充說明上述的情境。

我們非常重視自己內在的感覺，所以常有人會提到他們的「直覺」，並以此做為做決定的基礎。我們的腸胃的確有「知覺」，不過一想到有95%的血清素受體就位在我們的腸胃裡，也就沒什麼好驚訝的了。

這又是神經科學令人著迷之處。你好像很有興趣？那就讓我再為你送上神經生物學中另一碟小小的前菜。我敢說，你一定不知道人的消化道裡也有腦細胞（又名腸神經系統），這些神經元被視為是我們脊椎上方的大腦之外的第二大腦。

有新研究顯示，這些神經元其實有可能是我們哺乳動物類的祖先在演化過程中的第一個大腦。

這兩個大腦的連結存在於許多令人痛苦的事情上，生理或精神上皆有，例如焦慮、憂鬱、潰瘍、腸躁症。研究也顯示，大多數有焦慮與憂鬱症狀的人，同時也會有腸胃問題。

—— 艾莫隆‧邁爾博士《腸道、大腦、腸道菌》(Dr Emeraa Mayer, *The Mind-Gut Connection*)

因此，當我說憂慮型過度思考會引發焦慮，而焦慮對你的健康、尤其是腸胃系統，會造成不良影響，例如腸躁症，我可沒在跟你開玩笑。

　　如果你對「第二大腦」的研究感興趣，刊登在二〇〇五年八月的《紐約時報》、由哈莉葉‧布朗（Harriet Brown）所撰寫的《一個大腦在頭上，一個在腸道》（A brain in the head, and one in the gut）一文，值得你一讀。（請自行上網搜尋）

個人化

這個思緒病毒單憑一己之力就能造成許多情緒上的痛苦，因為它的中心思想就是，「所有與你無關，或是你無須負主要責任的外在事件，都是因你而起」。因此，你會感到自己毫無防備、不堪一擊、有罪惡感，因而逐漸出現退縮與逃避的反應。如果你開始因為外來的事件而自責，你就會出現憤怒與無力感。

雖然這種思緒扭曲會造成沮喪與脆弱，同時卻也帶有相當程度的自戀成分。因為這種扭曲是基於「凡是你身邊的事物都與你有關」的信念而產生。

傳簡訊就是個人化的經典範例。你在下午稍早傳出簡訊給你的伴侶，悠閒地期待很快就能得到回覆——嗯，這還算合理。

三十分鐘過後，還是沒得到回覆。

是時候檢查一下手機了，確認它是否開機，檢查聲音是否調成了靜音。你將手機關機，認為也許需要重開機，因為連線有可能在你發完簡訊後就出了問題。接著，你開始重複傳送相同的簡訊。

「嗨，是我。你有收到我剛才傳的簡訊嗎？」

「嗨，又是我。沒什麼大事，只是以為會收到你的回覆。」

「沒事吧？」

「那個，我對於昨晚說的話很抱歉。我只是開玩笑，但我想那可能會讓你誤會。愛你喔！親親。」

「你到底有沒有要接這他媽的電話？」

「好！隨便你！你他媽的沒辦法接受那個玩笑就算了！我要搬出去！！！！」

「嗨，親愛的，剛開完一個緊急的董事會。怎麼了嗎？」

看起來很眼熟吧？我就知道！你有發現這個思考過程在你腦中不停迴繞，就像一個關不掉的旋律嗎？你有發現自己「想太多」嗎？

讓我們複習一下藏在這些簡訊當中的思緒病毒，以免你忘記（或是不小心跟駱駝放在一起）。

CAMEL-mojis!

來，我們一起來體驗，隨著你的思緒一路打轉落下，直衝那個想像中的馬桶……

嗯⋯⋯還是沒回應。就算她正在忙，通常也會找時間跟我聯絡一下。再傳另一個簡訊也不會怎麼樣。都過十分鐘了。

我多等一會兒再傳下一個吧，不然她會認為（**讀心術**）我想控制她，然後她就不會回家了（**算命，負面心理濾鏡**）。

媽的！如果她要玩這個遊戲（**認知與情緒推論**），老子可不奉陪！！（**災難化‧‧‧‧持續個人化**　）

我都跟她道歉了，她竟然還是沒回應。她以為她可以把我當傻子耍嗎！（**更多的讀心術、負面濾鏡、認知與情緒推論**）

我受不了了！！

最後這個想法把我們帶進了下一個思緒病毒。

我受不了了！！！

這是思緒剝奪你最後一絲容忍度的最佳指令。從你告訴自己，一分鐘、一個字、一天你都再也忍耐不了的那一刻起，你就開始相信你是真的受不了了！

這個思緒過程一旦啟動，你處理事情的彈性就會瓦解。在這個難以承受的時刻（別忘了，這是你自己想像出來的！），你要不就是流淚崩潰，要不就是怒火中燒——這兩種反應都是不必要的，而且也不是你實際上計畫要進行的。

當你說服自己「無法忍受」某事，同時也是在告訴自己無法接受新狀況，因為那會為你帶來壓力。例如：

我沒辦法在派對上和陌生人聊天，因為他們會覺得我很無趣，接著我就不知道該說什麼，而且還會讓我看起來很蠢。我就是做不到。我受不了了！

在我看來，這段話當中有很多的驟下結論及「我受不了了」。

你告訴自己必須克服的那些障礙，其實只存在你的心中；沒有任何實質的障礙在妨礙你踏出腳步，與人交談。所謂的障礙只是一種認知扭曲。

回頭看看你人生中經歷過最糟糕的情況，有可能是失去父母、歷經一段不堪的婚姻，或是失業。

但你還是好好的，不是嗎？我想你調適得還不錯。依據實際情形而產生的思緒應該是這樣的：「目前狀況不太好，但我經歷過更糟的，而且也想辦法度過難關了。」

　　各位先生女士，請緊跟著事實的腳步走！

你告訴自己必須克服的那些障礙，其實只存在你的心中。

貼標籤

雖然我們今天的療程沒剩多少時間，但這個章節還是有許多知識需要瞭解，所以我快速地講一下。本質上，貼標籤跟過度推論是相同的，但貼標籤更像是發現自己的錯誤之後，你立刻冒出：「我老是犯同樣的錯，我真是智障！」這個念頭。

當然了，你也可以把這種想法投射在他人身上：「他沒有一次做對的，乾脆我自己來好了！白癡！」

這些都是明顯充滿情緒、而且可能在你腦中引起戰爭的神經語言（思緒的語言）。

應該，必須，需要

這個單元非常重要，所以我要留待下次上課再說。下課！下週見！

第八章

應該，
必須，
與需要

我：有什麼要告訴我的嗎？好事、壞事或其他的都可以。

你：我在簡訊事件上反應過度了，所以現在我在我爸媽家睡沙發。「認知」這東西什麼時候開始作用？我以為它應該是要幫我管理我的感受的。

我：嗯，我們只相處了幾次，而且學習認知療法就像在學一種新語言，唯一不同處是認知療法是專注在思緒語言上。再撐著點，我們就快談到了。

就像我在上回的療程提到的，我們需要多花點心思在這個「應該、必須、需要」思緒病毒上。我在前作《知道之書》中，花了不少心力在談這些思緒扭曲。現在，我想把一些觀念移植到這本書裡。

首先，「應該」、「必須」、「需要」這三個詞都是一樣的意思，因此會在情緒、生理與行為上帶來相同的反應。

從如下表格可看出，這種「應該……」的表達方式破壞力有多強大，尤其是在你對自己、他人或

整個世界的感受上。

想法	影響
我應該	罪惡感／悔恨
我不該	罪惡感／自我厭惡
他們應該	憤怒／挫折／失望
他們不該	怨恨／憤怒／挫折
我需要	壓力／緊張／義務
我必須	更多壓力／更為緊繃

嗯，這還真是一張充滿歡樂的表格啊！（才怪！）看看那些潛藏的情緒，以及生理緊繃與痛苦，我們到現在卻還在相信這些詞彙代表的意涵，讓它在我們的思緒中占據主導地位，這真是太神奇了！

我對於「應該」這個詞的看法充滿熱情與我個人的堅持。這是一個以控制為出發點的字詞，跟「必須」和「需要」一樣。好幾個世紀以來，某些傳統宗教就利用這些詞彙（記得「汝應」、「汝不可」嗎？）所產生的控制力與罪惡感來操控信徒。

這些年來，我在這方面的觀點一直備受挑戰。那些人說，如果將所有帶有控制意味的詞彙從我們的思想與信仰系統中移除，將會導致無政府狀態。我還記得一個曾和我共事的傢伙，一個被控制、負面思考的高手。當我建議他把「應該」、「必須」、「需要」從他的思想字庫中移除時，他十分驚恐；他很擔心自己會失去動力，進而導致失敗。很多人都擔心自己失去動力。

然而，
由恐懼而生的動力會使人生病。
出於想成就某事的慾望，
才是真正動力的來源。

談到「應該」這個詞時，就要從認知理論裡的兩個類別說起。

166

教導型的應該

我們就是用這種方式來教育孩子。例如：孩子「應該」要學會不可把叉子插進電插座。這種「應該」是希望可降低孩子觸電的風險，所以這是有助益的「應該」。

　　教導型的「應該」同樣也會用於提供指導時，像是使用電腦或機器的方法。例如：「在你啟動軟體前應先啟動這個，否則電腦會當機。」再次強調，這是有幫助、而且有事實根據的資訊。

　　教導型的「應該」是有幫助的。

說教型的應該

　　這就是會出問題的地方。例如：「你應該照我的方法去做，因為我的方法才是對的。」「你不應該信仰那個神，因為我的神才是真神。」「你不該開那輛車，因為它超⋯⋯不酷。」

> 説教型的「應該」是基於價值觀、
>
> 信念與期待。
>
> 問：誰的信念才是對的？
>
> 答：誰的都不是。信念並非事實。

在使用「應該」、「必須」與「需要」這三個詞彙時，你得特別小心。因為那會讓人產生壓力，而壓力會導致病痛。

那些「應該」一旦披上「期待」的外衣，也會為你的人際關係造成困擾。這裡的推論是，你認為大家的想法跟做法都「應該」跟你的一樣。不意外，他們才不會。

這裡有個例子：

請想像我是你的鄰居。（如果這種想像有點太過頭，那換成駱駝好了。）

總之，我走向你，開口向你借那台我知道你上禮拜才剛買的全新割草機。

你：當然可以。不過請小心點，它是全新的（很緊張）。

我：沒問題。謝啦。

將近一整個禮拜，我都沒把割草機還給你。你在這期間還好幾次看到它被擱在雨中。可是為了避免衝突，你什麼也沒說。

但是這一整個禮拜你忍不住心想，「她不應該這樣對待我新買的割草機，至少也該拿個東西給它蓋上。她應該很清楚自己在做什麼。我當初真不應該借給她！」

看到那些「應該」了嗎？看到它們在忙什麼嗎？它們正忙著醞釀情緒：憎恨、失望、挫折與憤怒。

你看，你自己有個信念，你相信如果你對別人好，他們就會報答你的恩惠，會以你的方式對待你的物品。然而，這事可不是天天有。就像我某位同事說過：「人人都照你的想法做事的星球可不是這一個。」

小提醒

1.　把「應該」從思緒中除去。它們被稱為「思緒病毒」可不是沒原因的。請用較不具命令性的詞彙取代。求診者常跟我說，如果不再使用「應該」這個詞彙是他們在這療程中唯一學到的，那麼他們也會很開心，因為感覺自己被解放了！

2.　在尋找替代詞彙時，要找強調「選擇」的。

　　例如，與其心想「我今天應該要做完所有家事，一定要做，而且非做不可。」——這聽起來像是接著你得喝口茶，然後帶著你自作自受得來的劇烈頭痛躺下休息——你不妨試著這樣想：「我當然可以在今天做完所有家事，可是我已經忙了一個禮拜，所以我今天可能先做一點，剩下的明天做。」

　　這樣是不是感覺好多了？

嗯，今天這樣就夠了。

本週作業就是填好下一頁的思緒表格。

A	B	C	D
A 狀況	B 思緒	C 感受	D 思緒病毒
		C 生理	
		C 行為	

這張表格跟先前那張思緒表格相似，但你也發現到，這次多了「思緒病毒」的欄位。

就跟之前一樣，先敘述事件（A），接著寫下你的思緒（B），再來就是你的反應（C），別忘了替你的痛苦指數評分。在最後一欄中，我要你回到B欄，從中找出思緒病毒，然後將之填入D欄。

你可以任選你想寫的事件，並試著找出在過去一星期裡，你的痛苦指數達到百分之七十、甚或更高的時間點。之所以選擇痛苦指數高的時間點，是因為我們要找出讓你感到最不舒服的原因。

盡全力去做。我們下次見。

（我得承認，我很想知道，要是我再開口向你借割草機，你會有什麼反應？）

第九章

思緒日記

我：很高興又見面了。沙發坐起來還舒服嗎？

你：我實際運用上次所學的時候，發現自己常戴著**負面濾鏡**看事情，把事情災難化。然後當我開始**情緒推論**，我就開始相信我是對的，而她是錯的（**認知推論**）。當我發現那全都是我自己在腦中虛構的之後，我為我的過度反應向她道歉，接著就回家了。

我：做得很好！你有跟你的伴侶說明你所學的東西嗎？

你：有！我把思緒病毒表給她看，這讓她更能理解我是怎麼想的。她的思考模式跟我的不同，這倒是有點出乎我意料。

我：將你學到的和她分享，確實是個很有幫助的主意。因為，就像你說的，每個人的思考方式不會完全相同。

伴侶與讀心

有伴侶的人容易會去預設對方的想法跟自己的相同，但實際上往往都跟前述的例子一樣：我的伴侶不知道我在想什麼，因為她想的跟我想的不一樣。

如果雙方都假設對方的想法跟自己的一樣，

那麼溝通上就會常有誤會，

最常見的結果就是出現衝突與僵持不下。

我解釋一下：

你下班後回到家，看到伴侶正坐在客廳，凝視窗外，完全沒和你打招呼。這時，你開口問：「嗨，今天過得好嗎？」沒有回應。

你：還好嗎？你看起來不太對勁。

伴侶：我很好！謝謝關心！

你：所以都沒事？

伴侶：是啊，我不是說了？

你：（還是有些疑慮，但你決定相信「眼見為
　　憑」，畢竟你並不會讀心。）

　　喔，沒事就好。這樣的話，我想我可能要
　　跟幾個好兄弟去喝一杯。

伴侶：你這個混蛋！愛去你就去！

想必很多人都遇過這種狀況。不過，不論你跟對方在一起多久，熟悉彼此並不代表你或對方就會讀心術。任意揣測不僅毫無幫助，還帶有潛藏的破壞性。

　　現在，在看你的思緒記錄表之前，我已經先看過你的第一張表格，也標示出裡面的思緒病毒。因為你正處於統整語言與新資訊的階段，所以這張表格會比較合理。

A	B	C	D

A 狀況

上班時收到一封
備忘EMAIL。
準備週四的
重組會議。

B 思緒

糟糕！
就是這個！
我一定會
被開除。
老闆
一定會認為
我是多餘的。
大家都打算
把我給開除掉。
如果永遠
找不到新工作，
那該怎麼辦？
我對這個家
根本毫無貢獻。

C 感受

沮喪、難過、
恐懼
（90％）

C 生理

心跳加速
呼吸急促
很緊張

C 行為

不接電話
擔心
來回踱步

**D 思緒
病毒**

放大化
預測福禍
負面心理濾鏡
讀心術
情緒推論
標籤化
過度推論

你：好。我自己也發現了幾個思緒病毒，難怪我會掉進這種處境。

我：我帶著你一起來分析這張表格，一次一個欄位。我會為你標示出不同的思緒病毒，說明這些是怎麼影響你的，同時也跟你討論一些技巧，協助你重新定義這個事件。

A：你接到組織重整的開會通知。

B：你立刻開始擔心。下面是你的思緒傳遞給你的訊息。

噢！不！就是這個！我要被開除了！

這個開會通知瞬間就被你**災難化**。你抱持著**非黑即白**的心態告訴自己，你的工作和未來等全都要毀滅了。

你就快徹底相信自己要被開除了（90%）。而你之所以有這種想法，是因為你戴起那頂「**算命仙**」的帽子。

同時，你也透過**個人化**的濾鏡向自己證明，那則會議通知其實就是在針對你，而且只針對你。公司之所以用備忘的形式寄出，只是為了掩蓋，你，只有你（在你的想法中），就要被開除的事實。

老闆認為我是多餘的。

這就是你擁有**讀心術**的證據。你在上一段思緒中預測了未來，現在你還能讀懂別人的心思。你還真是天賦異稟呢！

可是，一旦你開始**認知推論**，就是這個思緒真正得到邪惡力量的時候。現在你已經相信（90%）自己所想的全都是基於事實。但這永遠不會是真的，因為你現在深信的這個想法是你讀心產生的結果，所以它不是事實。

大家都打算把我給開除掉。

又來了！你讓扭曲的思緒打頭陣，卻把理性思緒放在最後的最後。你正在為大家分組進行**讀心術**——你知道公司裡每個人（**非黑即白**）在想什麼。等等，還有呢……

你還知道他們未來會怎麼想（**算命**），而且還是透過**負面濾鏡**看到的。我真不敢相信我現在有多沮喪、傷心與害怕（90%），你就先把這些思緒寫下來吧；我甚至不相信你的這些鬼話。

如果永遠找不到新工作，那該怎麼辦？

你看，「如果？」這個擔憂魔咒又出現了。

（溫馨小提醒：擔憂的定義——預測負面、且災難化的結果。）

這個例子中的預測是：你這輩子永遠找不到新工作，而且會是全然的**災難**（90%）。

現在你應該覺得十分悲慘，不過這也不令人意外，誰叫你要相信那些毫無科學根據的鬼話。現在我要看看C欄。你的心跳加速、呼吸急促、緊張感

指數全都顯示為90%。你真的是越來越焦慮了。

　　該輪到**情緒推論**來串連各種思緒扭曲了。你現在相信自己所有的感受，以及生理反應（**生理推論**）

我對這個家根本毫無貢獻。

別再開玩笑了！這種想法很可怕，會讓人產生憂鬱情緒，罹患憂鬱相關的疾病，而且還會跟這些情緒與疾病共存。到了這個階段就表示我們已經來到「思緒鏈」的最尾端。

　　注意！你發現我在各個思緒之間都用箭頭連接，我們稱此為「箭頭向下技巧」，夠淺顯易懂了吧。醫師會循「思緒鏈」的走向，找出最那些讓人最感痛苦的思緒，予以診治。著有《想法轉個彎，就能掌握好心情》（*Mind Over Mood*)的克莉絲汀・佩德斯基博士（Christine Padesky），稱這種讓你最感痛苦的思緒為「hot thought—灼熱思緒」。最令你沮喪的就是這種思緒，一旦你相信它，你就會感受到最極端的痛苦。

我強調「信任」與「相信」這兩詞，

因為那是讓認知療法起作用和成功的基礎概念。

讓我來解釋一下：

你在記錄表的情緒與生理反應欄位中，將主觀痛苦感覺評為90%，這是非常強烈的負面主觀感受。這些就是你的「情感反應」（情感，affect，是一個在心理學中用來描述感覺或情緒感受的概念。）

通常，這90%的感受可藉由呼吸技巧（見第二二七頁）得到舒緩，或是提前使用你最重要的一項技能：

辨識思緒病毒，

自問你思緒中的「事實」是否真實存在。

這裡有幾個例子，我相信你可以舉一反三。

- 讀心：我不會讀心術——**事實**
- 預測福禍：我不是算命仙——**事實**
- 個人化：不是每件事都跟我有關——**事實**

記住思緒病毒表（見第二四六頁）

的重要性是再怎麼強調也不為過的，

不然你就體會不到一技在身，

有何無窮妙用。

很有可能你會把每件事情都災難化，卻沒想過試著
讓自己的思緒理性化。無論如何，學習如何處理這
些狀況是很重要的。

這裡有個非常直接且有效的技巧，我會帶你試
做一次，再說明如何執行這個技巧。

請想像我們回到同坐在我診間裡的情景。想像
你在療程結束後走到外面，手機開機後看到一則

「立刻打電話回家」的簡訊。

你立刻撥出電話，得知你深愛的某個人在斑馬線上被卡車撞到，目前正在急診室。

接著，我問你在得知消息當下的驚嚇指數。

你：絕對是百分之百!!

我：等一下。他／她還活著，而且你也不知道
情況究竟嚴不嚴重。

你：是沒錯──我就是覺得很害怕。好吧，那
改成百分之九十五好了。

我：沒關係。現在，我們來看看新的技巧。

去災難化用的「驚恐指數量表」

我：我可以從你的表情看出你的困窘與尷尬，因為你發現這兩起事件的驚恐指數差距居然這麼小（5％）。現在給你一個補救機會。請問你是否願意更改收到公司通知時的驚恐指數？

你：我改為30％，但這不表示我沒被這件事給嚇到。

我：很好。憂慮指數瞬間就少了60個單位，這轉變很棒。當你的憂慮指數在50單位或以下，要控制你自己的主觀、生理與情緒狀態就比較容易，而且也可以重新理性地去思考。這樣不是好多了嘛！這個30％的低指數比較接近收到重組備忘通知的嚴重程度。

之前那個高達90%的指數，不過是你基於虛構的情節、非事實、負面鏡射以及對現實毫無益處的信念所產生的思緒扭曲，結果只是自己嚇自己。

現在，請拿一張白色小卡片，把底下的圖畫在卡片上。當然，你的手機若是有繪圖工具，也可以畫在手機裡。

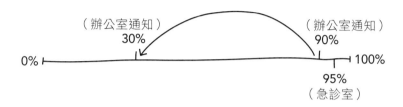

現在，請在卡片下方寫下：「實際到底有多糟？」

這個問題是在問你：

「這個情況出現在真實世界裡，有多可怕？」

運用這種技巧，就像是擁有一個透視量表。在一個明確的格式中，為你標示出真正重要的是什麼。

如你所見，這是一種讓人從焦慮的「高點」平靜「下來」的有效方法。剛開始施行時確實會有些許不自在；但話說回來，不自在又不會死人。我相

信，為了它能帶來的好處，有點不自在也值得。

我知道這次課程在說到「相信」與「相信力」的重要上仍有未盡之處。不過，我們目前學到的內容也算夠多，那麼，其他的就留待下回吧。

作業

再製作另一張思緒記錄表。D欄暫時用不到，它屬於下週的進度。就像上次一樣填好就可以了。

下次見，你的「去災難化」做得很好！

A	B	C
A 狀況	B 思緒	C 感受
		C 生理
		C 行為

第十章

開始見到成效

我：嗨，你看起來對自己很滿意的樣子。一切都順利嗎？

你：真的很順利。我甚至還苦惱該在記錄表裡寫什麼呢。現在似乎沒什麼像往常那樣那麼困擾我了。

我：也許是「去災難化」的效果？

你：絕對是！我跟我家人說明了這技巧的運作方式，大家都覺得很酷。甚至連我家十幾歲的孩子都說：「哇，看來我的問題也不是真的那麼嚴重嘛。」

我要是覺得難以承受，就會使用這技巧，但這樣的狀況現在也沒那麼常出現。現在我遇到狀況時傾向先思考，而不是馬上有所反應，讓微不足道的小事來控制我。

此外，我還更有意識地去注意自己腦中的思緒。前幾天，我想到我的朋友都不太理

我，還認為我很難相處。後來我意識到，我這樣不就是在使用「讀心術」嘛！所以我立刻告訴自己：「其實我根本不會讀心術。」還的確奏效了。

我：很好！我們來看看那張思緒記錄表。

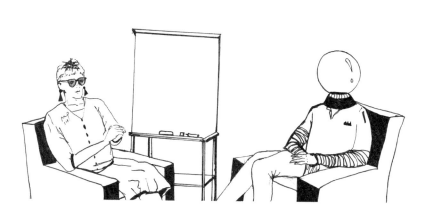

A	B	C
A 狀況	**B 思緒**	**C 感受**
收到高中同學會邀請函。	要是同學們認為我怎麼成了個大胖子該怎麼辦？要是我到了現場，發現同學每個都是過得很好的成功人士，而且穿金戴銀，那該怎麼辦？我這個人一向無趣，從來不知道該說什麼好，要是沒人想跟我講話怎麼辦？我會尷尬臉紅，還會被注意到，他們一定會認為我是個長了腳的紅綠燈。接著我會說出蠢話，開始無法呼吸，接著又恐慌起來。我絕對不該參加，那肯定會是場大災難！	緊張、感覺自己很沒用、尷尬、愚蠢、害怕（75%）
		C 生理
		有壓迫感、焦慮、呼吸急促、心跳加速、噁心想吐
		C 行為
		把邀請函藏起來、避用臉書與IG、開始擔心。

你：我的確設法想把我的焦慮感從100% 降到75%，但參加同學會這件事就像個漩渦，一直在我腦中打轉。我的擔憂好像就是停不了。

我：首先，你沒失敗。就像我先前評論的，憂慮非常狡猾而且頑強。這習慣跟了你一輩子，你不可能一夜之間就改掉。

這幾乎已經是最後的課程，所以我要以這張最後的思緒記錄表作為工具，增進你的知識與技巧。

A：狀況　收到高中同學會邀請函。

所以，你在現實中收到高中同學會的邀請函。

C：感受　緊張、感覺自己很沒用、尷尬、愚蠢、害怕。主觀痛苦量表指數：75%

C：生理　有壓迫感、焦慮、呼吸急促、心跳加速、緊張不適

C：行為　把邀請函藏起來、避上臉書與IG、開始
　　　　擔心。

就像時鐘般精準，你開始憂慮，同時感受到憂慮對
情緒與生理的影響。這種因為預期某件事而產生的
擔憂與焦慮感，就是所謂的「預期性焦慮」。再次
提醒，這些全是你的想像創造出來的。

　　接著你把邀請函藏進抽屜，以為放在裡邊就不
會有人看見，也不會有人會問起此事，好藉此避開
會刺激你的東西（邀請函）。

　　這些舉動稱為「安全行為」。你試圖藉由避開
刺激來源以降低焦慮感。短期看來這樣似乎有效，
但卻非長遠之計。這個策略的副作用就是，你持續
抱持著「不但要畏懼刺激的源頭，還要避開它」的
信念。

　　你對這張邀請函意義的執念，正是造成你憂慮
的原因。所以，我們來看看這個認知過程。

B：思緒　要是他們**認為**我怎麼成了個**大胖子**怎麼辦？

　　要是我到了現場，發現同學**每個都是**過得很好的成功人士，而且穿金戴銀，那該怎麼辦？我這個人一向無趣，從來不知道該說什麼好，要是**沒人想跟我講話**怎麼辦？我會尷尬臉紅，還會被注意到，他們一定會認為我是個長了腳的紅綠燈。接著我**會說出蠢話**，開始**無法呼吸**，接著又**恐慌起來**。我絕對**不該**參加，那**肯定會是**場大災難！

參加
高中同學會嗎？

擺個排場
華麗登場
大家絕對認不出你！！！

我：現在，該你進行「偵測思緒病毒」。一次看一個思緒就好。

你：我最先注意到那些「如果……？」所以很快就發現我是在預測負面的事件。接著是一堆讀心術：「他們會認為……」，因為這個「會」字就表示我在算命，而這些都是因為我透過負面濾鏡去看事情。再來是全有或全無的非黑即白想法：「沒有人、每個人、他們都……」，情緒、生理與認知的推論一應俱全，聯手說服我相信自己所想的全都是真的。最後再以「不應該」和「我受不了了！我才不要去！」做結尾。

我：太棒了！很好！現在，我要向你介紹一個能去除這些高度不理性的思緒，並且賦予思緒意義，讓你的思緒能回歸理性的方法。我稱之為「認知矩陣」。

挑戰不理性
思緒的矩陣

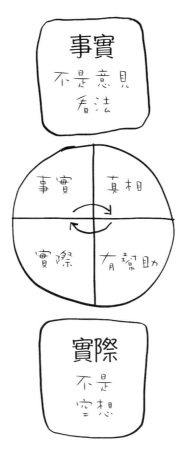

要達成理性思考，你要先問自己：
我的思緒是基於事實、真相、與實際嗎？
我的思緒對我有幫助嗎？

挑戰不理性思緒的矩陣

理性思考乃基於事實、真相，

以及實際且有助益的東西。

而不理性思緒則是基於信念與空想。

認為自己會測讀人心，而且預知未來，這樣的想法**並非基於事實**。

認為每個同學一定都是過得很好的成功人士，這也**不是真的**，因為你又在預測未來。

當你認為會發生的情況全都沒有事實根據，那麼因這些情況所產生的思緒，又怎麼可能會是基於真實呢？這些不過是你非理性想法的投射。

你抵達會場時，要是真有一群老同學圍上來對你說：「媽的，你是不是胖了？」那我可就沒辦法指責你的預知讀心術了。不過，我只想問你：「這樣讓這些思緒在你腦中盤旋，對你有什麼**幫助**？」

你想像大家都注意到你變得有多胖，而且還胖得很病態；就算他們**確實**這麼想，請問，那是**事實**，或者只是他們的**看法**？

還有，別忘了，

99%的時間裡，

常人想的都是自己，

才不會想著你！

我們回到這場想像中的同學會吧。你抵達現場，看到同學們都很開心，穿著超級貴的好衣服，穿戴的鑽石飾品價格足以餵飽一整個開發中國家。而你憑著直覺，就直接讀取他們的心思，注意到他們認為你應該過得更好，而且當然也**不該**這樣放縱自己。

出於自慚，你開始相信他們的價值、信念與理想不但很重要，而且還是你達不到的。

你覺得，要是想變得跟他們一樣，就應該相信他們的信念全都是正確的，而你相信的全都是錯

的。鬼扯！要是你能安適在自己的真實世界，那麼誰會還在乎別人怎麼想？（這不是說你真的知道他們怎麼想。）

記住：「比較是快樂的竊賊。」
——美國總統 羅斯福（Theodore Roosevelt）

你可以看到，這個「認知矩陣」提供的模式，能讓你衡量個人的思緒，判斷理性與非理性。你的目標，就是要緊跟著那些理性、而且對你有幫助的思緒。

信不信由你！！

我們在這個課程中談了許多信念、價值與理想，也談到觀點並非事實，以及大家認為你「應該」去做的事——那些事跟他們的理念有關，卻與你的現實世界毫無關聯。

說到信念這個主題，也該是向你說明我之前提過的「相信與相信力」定義的時候了。

　我：回到你的思緒記錄表。你在想到同學會時，記下自己的憂慮指數是75%，同時也記下你對於變胖與自覺愚蠢的想法。剛才我們已經把這些思緒全都理性地重新思考過一次，你現在感覺如何？

　你：我覺得輕鬆許多。不舒適指數現在大概只

有30%。

我：很好。從一分到十分，現在你還相信自己
又肥又無趣的指數是多少？

你：七分。這部分沒有改變多少，畢竟這是我
對自己的看法。

問題就出在這裡。轉換想法能改變你的情感，也就
是你對事物的反應強度。相反地，改變「相信力」
是一件複雜的工作，因為這跟你自我觀感的基本信
念是連結在一起的。

在結束之前，我提供一些觀點，教你如何在去
除自己不理性思緒的同時，也能找到理性的方案去
取代。一起看看次頁的表格吧。

不理性	理性
要是他們認為我成了個大胖子怎麼辦？	希望我不會被一堆愛批評的人包圍。
要是我到了現場，發現同學每個都是過得很好的成功人士，而且穿金戴銀。	不過就是個同學會——我不需要知道別人日子過得如何。
我這個人一向無趣，從來不知道該說什麼好，要是沒人想跟我講話怎麼辦？	如果沒人跟我講話，那我也就不會待太久。
我會尷尬臉紅，還會被注意到，他們一定會認為我是個長了腳的紅綠燈。	相信我不會是現場唯一有點害羞、尷尬，可能還有一點困窘的人。
接著我會說出蠢話，開始無法呼吸，接著又恐慌起來。	如果真覺得無法呼吸，那我會出去走走，做點呼吸體操。大家會忙著聊天，不太可能關心我是不是因為恐慌而先離開。
我絕對不該參加，那肯定會是場大災難！	有什麼好不去的？去了會發生什麼更糟的事嗎？

有覺得舒服點了嗎？

　　如果你被這即將來臨的活動嚇到（飽受「預期性焦慮」之苦），那麼就在思緒記錄表上記下你的思緒。接著依照我上述的方式，創造出取代它的理性思緒，然後看著你的憂慮指數漸漸散去。

　　該結束了。下週沒有功課。我們會複習一下你認知工具箱裡的工具，讓你離開之後也能靠自己的力量管理你的內心世界。

第十一章

複習時間

我：今天是我們最後一次見面，所以我想知道你在運用所學技巧上有什麼進展。

你：我現在更能控制自己的思緒與感受了。「**去災難化**」與戒除「**應該、必須、需要**」是我主要運用的思考方式。一旦事情沒按我認為「**應該**」的方向發展，這兩項工具有助我保持冷靜，避免小題大作，也避免生成不滿與憤怒的情緒。

在人際關係上，我現在更能有效地與人交流，避免去「**讀心**」和「**算命**」，這對我的幫助尤其多。如果我和伴侶之間有了誤會，我就檢視思緒病毒清單，想想溝通過程可能出了什麼問題。

認識了**情緒推論**與**認知推論**，還有它們對感受會產生的影響之後，我學會放慢腳步，不再基於情緒做出反應。我會先停下來深呼吸，接著開始找證據，反問自己：「我這種反應是基於事實嗎？」

在讓思緒理性化的過程中，我利用「**認知矩陣**」的協助，讓思緒都能基於事實。跳

脱「**憂慮型過度思考漩渦**」是我卡關最久的地方，所以我希望能有更多應對的策略。

我：沒問題。我還沒向你完整說明閃卡（flashcards）的諸多用途呢。

利用閃卡重新訓練大腦

研究顯示，如果你想改變思考模式，就需要有效地將新的思考模式內化，如此一來才有機會取代舊有的思考習慣。

我在第一九〇頁教你如何用「**這樣到底會有多糟？**」的卡片「去災難化」，藉此去除你的情緒喚起程度，讓你能更有效地控制情緒超載。

帶著你感覺到的憂慮，先從「**如果？**」開始，由它帶你做出負面（**負面濾鏡**）災難化結果（**放大化**）的預測（**算命**）。

情緒／生理與認知推論讓你誤以為你的扭曲思緒告訴你的全都是事實，所以當你試著要「停止憂慮」，結果卻是以想到駱駝收場。

這裡的當務之急，是讓你盡快跳出這樣的思緒迴圈，而閃卡就是為此目的而存在。

為了讓閃卡發揮作用，你每天必須看上數回，每次至少十五秒。拿起閃卡，或是看著手機裡的閃卡，但五秒後卻又將新的思維拋棄，這樣是毫無意義的。你得將之深深烙印在腦海，匆匆一瞥無法達到如此效果。

這裡是兩張我認為特別有效的閃卡：

這種想法如何
幫助我／你？

這種想法會把我／你
帶往何處？

你會注意到我提供了代名詞的選擇，我把選擇權留給你，因為當你在內心跟自己對話時（思考），才會最有力量。

　　我也希望你能注意到，這些閃卡不使用「停止擔心‧‧‧」這類祈使句的陳述，而改採疑問詞：「HOW如何？」及「WHERE何處？」。這兩個疑問詞常出現在蘇格拉底式的對話中，也是法律與認知療法的骨幹。（另外兩個是「WHEN何時？」與「WHAT什麼？」。我不用「WHY為什麼」，因為我認為這不僅沒幫助，反而會指派大腦去處理另一個很難專注於尋找解答的任務。）

　　終於談到這個我所知不多的神經科學領域了──事實上，我什麼都不知道！然而，我知道一件有意義的事，那就是當你對大腦提出上述其中一個疑問詞時，大腦會去找尋正確答案。蘇格拉底稱這個現象為「引導式的發現」。

　　認知療法將之定義為：

治療師用來引導患者思考他們處理訊息方式的過程。透過回答問題或是仔細回想自己的思考歷程，

帶給患者一系列的替代思考。

所以，當你問大腦：「這種思緒（擔憂）會為你帶來什麼幫助？」答案自然就是：「沒有。」接著，大腦反而會跟這個問題站在同一陣線。因此，「擔憂」這個思緒並沒有受到抑制與消滅，而是被挑戰了。這是極大的不同，而且也沒那麼內心交戰。

「嘿，駱駝，這裡很擠啊⋯⋯」

本書末頁有一些閃卡可剪下來使用，你也可以將這些資訊輸入手機，方便隨時利用。

延遲憂慮

下一個技巧是取自「延遲憂慮」的研究。如下是幾位理論學家的建議（歡迎自行嘗試）：

在每天傍晚安排一段「憂慮時光」，不如就選傍晚六點吧，至少三十分鐘。你坐下來，開始這段不受打擾的「憂慮時光」。沒有電話、沒有電視、沒有交談，什麼都沒有，只有憂慮。（啊，幸福！）這段時間內，將你擔憂的每件事全都寫在筆記本上。

上班時，有個專案讓你憂慮，你告訴自己：「我不要現在就開始憂慮，我要把這擔憂留到回家後的『憂慮時光』。」這個策略的基本原理，就是大腦接收到還是可以憂慮的訊息，只不過要等晚一點再開始。

隨後幾天，你開始注意到一些現象。首先，你會開始覺得無聊，而且還會被這個憂慮練習給激

怒，只希望趕快結束。其次，你翻看筆記時會發現，前兩天你還在擔憂的事，現在幾乎都快記不得了。

因此，你基本上是在用憂慮去「淹沒」大腦，漸進地體會到不論是這個練習、或是你的憂慮，都是沒有幫助的。

這是非常耗費時間的練習，在我的經驗裡，只有極少數的人真的有辦法能不厭其煩地持續下去。所以，如果你的感受跟上面描述的一樣，別擔心，你一點兒都不孤單。

總之，我借鑒了這個方法，設計出另一張閃卡：

先不要！！！

我從「延遲憂慮」的方法得到靈感，擷取精華，設計出了這張閃卡。

「**先不要**」是一種延遲滿足的方法，你還是得

對大腦提出延遲憂慮的要求，但同時也保證稍後會給它機會去憂慮。我有一位認為「先不要」這個技巧非常有效的求診者是這麼形容的：

> 這讓我想起在我大約四歲時，跟父母一起外出，我吵著要吃冰淇淋。我記得，當他們跟我說：『先不要』，我突然想通我還是吃得到冰淇淋，只是不是現在；同時我也發現，只要我停止當下的吵鬧行為，就能更快吃到冰淇淋。

這就是「先不要」傳遞給大腦的訊息。你想擔憂，因為你相信這樣能減輕你的焦慮。所以，藉著被告知「先不要」，你知道你的焦慮終究還是能緩解。這個方法再度巧妙地說明了憂慮並不會改變結果；持續憂慮除了擾亂大腦之外，沒有其他功用。

知覺的限度

我們常推崇大腦的能力無限，也相信有機體（我們）的潛能亦然。當然了，當你讀到任何有關DNA以及它難解的複雜性時，自然會認為我們的知覺也如此。

然而，這道理並不適用於知覺過程。因為當中事物必須井然有序且結構分明，無法同時進行太多事情，否則頭腦會開始感到混亂。

例如，如果只有我和你在交談，你的注意力會是穩定的；讓另一個人進入這房間，加入談話，你要保持專心就會變得有點困難；如果再讓另一人加入，那一切就免談了。

因此，一旦裝進過多的憂慮和負面的心智游移，那麼大腦的專注力、集中力與生產力就會受到影響。因為在我們有知覺的大腦裡就只有那麼一點空間。所以，幫自己一個忙，別讓「憂慮型過度思考」為你的大腦製造混亂。

關心與擔心

關心(concern)和擔心(worry)不一樣。如同你目前學到的，擔憂的迂迴循環模式毫無用處。相反的，關心，則代表在大腦中有明確的使命：時間範疇、解決之道與行動計畫。例如，關心可以：

- 協助我們擬訂計畫，以期避免發生令人恐懼的情況，或將衝擊減至最低。
- 在事情尚未發生、或真的發生時，一切都已先準備就緒，而且有行動計畫。
- 制定時間表，或許可先思考可向誰求助，或需要做哪些事情。

表達時，要使用「關心」，而非「擔心」一詞。「我是在『關心』某件事。」這個想法對我而言就代表可以立刻推論出隨後的行動，例如，解決問題。

管理憂慮的技巧

次頁的圖表提供了一個立即可用的工具，幫助你建構你的反覆性思考（擔憂）。

你可以利用這個圖表擬定行動計畫。把事情記錄下來之後就隨它去；這個技巧用在和工作有關的事情上特別有效。影印一張放在床邊，要是半夜突然醒來，你可以將思緒與解決方法記錄下來，然後倒頭繼續大睡！

轉移注意力

這張圖表另一個重要的部分，就是善用轉移注意力的技巧。在治療慢性疼痛與憂慮型過度思考這兩個領域裡，轉移注意力都是最有效的方法。如果可以，想點不一樣的事，或是做些不同的活動。記住「拋諸腦後」這四個字。

憂慮抉擇圖

這個「憂慮抉擇圖」是一個解決憂慮困擾的建構方法。
透過自問一連串的問題，協助自己放下憂慮。

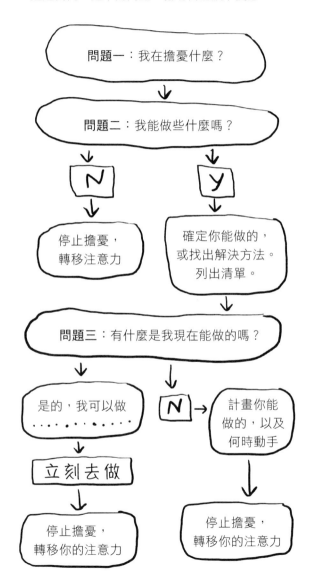

問題一：我在擔憂什麼？

問題二：我能做些什麼嗎？

N

y

停止擔憂，
轉移注意力

確定你能做的，
或找出解決方法。
列出清單。

問題三：有什麼是我現在能做的嗎？

是的，我可以做
．．．．．．．．

N

計畫你能
做的，以及
何時動手

立刻去做

停止擔憂，
轉移你的注意力

停止擔憂，
轉移你的注意力

呼吸

焦慮時，記得呼吸調息會有很大的助益。這聽起來有點瘋狂，我們不是每分每秒都在呼吸嗎？不過，你在焦慮時很可能會屏住呼吸，這會讓狀況變得更糟。當你覺得焦慮，試試這麼做：

• 屏息，數到六（不要把深呼吸跟過度換氣弄混）
• 吐氣
• 吸氣，數到三
• 吐氣，數到三
• 吸氣，數到三
• 反覆做

最後，有幫助的思考

我們已經談了許多基於事實、現實與真相的思考，不過我還沒介紹「有幫助」思考的重要性。

我在二〇〇九年做了雙乳切除手術之後寫了一本書，名為《支援乳房》（*Breast Support*）（這是一本乳癌確診女性必備的書）。書中關於「如何擺脫無止盡憂慮」的篇章就討論到「有幫助」思考的

重要性。我想再次「剽竊」自己的作品，所以引用如下：

「幫助」這個美妙的詞讓我想起紅十字會標誌。它是全世界都認得的人類互助標誌。只有恐怖分子與極端主義者會因為狂熱的極端信念，而無視這個標誌。

「幫助」這個詞無關評判，也不是基於「應該」或「不應該」；更不是對「正常/不正常」和「對/錯」表明立場。

所以，就算某件事的確搞砸了，或是某個人確實說了你的壞話；你問問自己，這些思緒值不值得你一再地重複回想。記住要這樣想：

───────────────

這種想法對我有什麼幫助？

───────────────

就是這樣了。希望你會覺得這些資訊對你「有幫助」。

這本書並不是專業治療的替代方案，而是要給那些無力負擔高額費用，因此無法接觸到臨床心理醫師的人，或是只想自力救濟找解方的人。這本書提供了那些想管理自己惱人、憂慮的過度思考的朋友一條入門的途徑。

如果本書沒能為你帶來任何改變，誠心建議你尋求專業的心理醫學協助，因為你的焦慮有可能是其他病症造成的。

祝你一切順利，很高興跟你一起合作！

NAMASTE

重點整理

1. 人的頭就連著肩，我們的思想與身體是相互連結的。因此，所有造就我們的不同元素——生理、行為、情緒與認知，乃是密不可分的連結。這些連結會在你的各個層面上發揮作用，正向與負面層次皆然。

2. 擔憂的定義就是，你不斷對未來做出災難性的負面預測。

3. 「當你的思緒影響了你的運作能力」，過度思考就會是個問題。（勞勃・席佛博士）

4. 理論學家估計，基因對焦慮的影響約占百分之二十五至百分之四十。

5. 叫一個正處在憂慮中的人「別再憂慮就好了」是沒意義的。

6. 孩子若看到憂慮的行為，會開始認為憂慮是重要的。因為那是大人在做的事，必然相當重要，而且攸關生存。

7. 相關研究清楚顯示，「憂慮型過度思考」會對情緒造成長遠影響，憂鬱就是其中一個強烈的關聯。

8. 擔憂是一種迷信的行為。擔憂既無法預測事件，也無法預防其發生。

9. 「如果……？」要是你意識到自己正這麼思考，請盡快將之阻絕——轉移注意力、使用閃卡。這麼想只會讓你掉進無止盡的漩渦。

10. 內在及外在因素都會誘發你的焦慮。單單一個想法就能將你的整個系統轉變成恐懼的警示模式（恐慌）。

11. 改變「你怎麼想」才是關鍵。

12. 不要忘了重新歸因定義的技巧。你的感受並不等同於現實。

13. A＝現實狀況（問題不在這裡）

B＝思緒／認知（治療大部分在此進行）

C＝反應：情緒／生理／行為（問題就在這

裡）

14. 不理性的思緒會產生誇大的情緒，因為你相信
那些思緒是真的。

15. 你的大腦能欺騙你，而且也確實在欺騙你。思
緒病毒讓大腦得以騙過你，因此你必須牢記這
些思緒病毒。（參見第二四五頁，附錄2）

16. 和親近的人分享你學到的知識，這麼一來，他
們也能熟悉這些名詞——尤其是思緒病毒。

17. 不論你多愛對方，你都無法看透他們的心思，
反之亦然。

18. 「去災難化」是迅速、又容易平復情緒的方
法。別忘了使用「驚恐指數量表」。

19. 理性的思緒是基於事實、真相，以及實際、有
助益的事情。

20. 不理性的思緒則是基於信念與理想。請跟著理
性的腳步走！！

21. 關心遠比擔心更受歡迎。

閃卡

我無法改變現實，
但只要改變思考方式，
就能改變我對現實的看法。

- - - - - - - - - - - - - - -

有些虛假的事情會讓人
覺得非常真實。
絕不可讓感受說服我自己
那是事實。

- - - - - - - - - - - - - - -

察覺的威脅
並不會危及生命。

- - - - - - - - - - - - - - -

這個思緒正把我帶往何處？

這麼想對我有什麼幫助？

- - - - - - - - - - - - - - - - - -

我這種想法有多少真實性？

- - - - - - - - - - - - - - - - - -

感受不是事實。
信念不是事實。

- - - - - - - - - - - - - - - - - -

不自在也許令人難以忍受，
但它不會要了我的命。
深呼吸，克服它。

- - - - - - - - - - - - - - - - - -

現在先不要！！

我是在用自己的想法
嚇自己。

擔憂
只會引發苦惱。

擔憂
是迷信的行為。

恐懼指數量表
0%----------------100%
事情實際有多糟？

事實 VS. 看法

現實 VS. 理想

真實 / 有助益

思緒病毒

全有或全無：以非黑即白的絕對觀點看待世界。使用詞彙例如：總是／絕不、沒有人／每個人、每件事／無一事。非常呆板、僵化的思考方式。

生理推論：因為身體某處病痛，就斷下定論認為那必然是壞事的徵兆（例如腦瘤、牙齦癌）。

災難化：見**放大化**

認知推論：與齊名的「情緒推論」思緒病毒非常相似。你因為認為、甚或相信某事為真，就認定它必定為真的推論。

剝奪正面思緒：你不但只注意負面思緒，同時也過濾掉了自己的正面成就。

情緒推論：你說服自己，你感受到的就是事實。

算命：不斷預測負面結果。

「我受不了了！」：當你告訴自己，你真的一分鐘、一個字、一天也忍受不了，開始相信那是你的真實感受。

驟下結論：推論的基礎毫無根據，而且帶有完全從你個人信念所產生的負面詮釋。這個思緒病毒的兩個主要元素是讀心與算命。

標籤化：一種對事件的過度延伸，也是針對你所犯的錯誤立刻展開負面的自我對話（例如：「我老是犯同樣的錯！我真是智障！」）。

放大化，又名災難化：將小小的堰鼠洞變成大山，這就是放大化。你將問題誇大再誇大，直到自己不堪負荷而精疲力竭。

讀心：當你基於一個念頭，就武斷地認定他人對你持負面想法，而且毫無證據證明那是真的。

最小化：放大化的相反。你把一座大山（例如你的豐功偉業）縮小成一個堰鼠洞。此舉會讓你避免承認你的能力與令人羨慕的特質。

說教型的「應該」：基於價值、信念與期待，而非基於事實的「應該」、「必須」與「需要」（與有助益的指導型「應該」正好相反）。

負面心理濾鏡：只看見生活中負面與黑暗面的傾向。

過度延伸：把一起令人不愉快的事件視為永遠不會結束的挫敗。

個人化：認為某些其實與你無關的外在事件，或你非主要負責者的事件，都是因你而起。

「應該」、「必須」與「需要」：這三個詞彙的意思一樣，因此會產生相同的情緒、生理與行為反應。數個世紀以來，這些控制性的詞彙就利用罪惡感來行操控之事。毒性甚強！幫自己一個忙，戒掉這些詞彙！

務必確認已牢記這些思緒病毒，這樣你就知道如何停止這些思緒，並且加以修正！

思緒
紀錄表

A	B	C	D
A 狀況	B 思緒	C 感受	D 思緒病毒
		C 生理	
		C 行為	

A	B	C	D
A 狀況	B 思緒	C 感受	D 思緒病毒
		C 生理	
		C 行為	

延伸閱讀

大衛‧柏恩斯《好心情：新情緒療法》（尚無繁中版），
Burns , Dr David, *Feeling Good : The New Mood Therapy*,
Harper Collins, 2011.

喬瑟夫‧勒杜克斯博士《腦中有情：奧妙的理性與感性》
（遠流），LeDoux, Dr Joseph, *The Emotional Brain*, Orion,
2004.

艾莫隆‧邁爾博士《腸道、大腦、腸道菌：飲食會改變你
的情緒、直覺和大腦健康》（如果），Mayer, Dr Emeran,
*The Mind-Gut Connection: How the Hidden Conversation
Within Our Bodies Impacts Our Mind , Our Choice, and Our
Overall Health*, HarperCollins , 2016.

克莉絲汀‧佩德斯基博士《想法轉個彎，就能掌握好心
情》（大樹林），Padesky , Dr Christine , *Mind Over Mood*,
Guilford Press , 2015.

丹尼爾‧韋格納博士《白熊效應與其它不受歡迎的思緒》
（尚無繁中版），Wegner, Dr Daniel M., *White Bears and
Other Unwanted Thoughts*, Guilford Press, 1994.

作者　關朵琳·史密斯

紐西蘭人，擁有社會科學學士、社會科學榮譽碩士、臨床心理師學位，是一位臨床心理師、演說家、部落客。

著有《知道之書》（*The Book of Knowing*）、《闡釋憂鬱》（*Depression Explained*）、《分擔負荷》（*Sharing the Load*）等作品。

她同時也以「知道醫生」之名為人所知。

作者官網www.gwendolinesmith.co.nz

NOW LEAVING

STATION ANGST

想太多是會爆炸的
臨床心理師帶你打破過度思考和焦慮的循環
The Book of Overthinking : How to stop the cycle of worry

作者	關朵琳‧史密斯 Gwendoline Smith
譯者	黃意雯
社長	陳蕙慧
總編輯	卜祈宇
行銷	陳雅雯、趙鴻祐、張偉豪
排版	宸遠彩藝
封面設計	井十二設計研究室
印刷	通南彩色印刷股份有限公司

出版	開朗文化 / 遠足文化事業股份有限公司
發行	遠足文化事業股份有限公司（讀書共和國出版集團）
地址	新北市新店區民權路 108-2 號 9 樓
電話	(02) 2218 1417
傳真	(02) 2218 0727
客服專線	0800 221 029
信箱	service@bookrep.com.tw
法律顧問	華洋法律事務所 蘇文生律師
出版日期	2021 年 3 月 初版一刷
	2023 年 7 月 初版四刷
定價	新台幣 320 元
ISBN	9789869973410

The Book of Overthinking
by Gwendoline Smith
Text © Gwendoline Smith, 2020
First Published in 2020 by Allen & Unwin Pty ltd, Sydney, Australia
Published by arrangement with Allen & Unwin Pty Ltd, Sydney, Australia
through Bardon-Chinese Media Agency
Complex Chinese translation copyright © 2021
by Lucent Books, a branch of Walkers Cultural Ltd.

國家圖書館出版品預行編目

想太多是會爆炸的：臨床心理師帶你打破過度思考和焦慮的循環 / 關朵
　琳.史密斯 (Gwendoline Smith) 著；黃意雯譯. -- 初版. -- 新北市：開
　朗文化，遠足文化事業股份有限公司，2021.03
　256 面；13×19 公分
　譯自：The Book of Overthinking : How to Stop the Cycle of Worry.
　ISBN 978-986-99734-1-0(平裝)

　1. 焦慮　　2. 認知治療法

178.8　　　　　　　　　　　　　　　　　　　　　109021111